www.ingramcontent.com/pod-product-compliance
Ingram Content Group UK Ltd.
Pitfield, Milton Keynes, MK11 3LW, UK
UKHW041944190726
13854UKWH00004B/1774

أخلاقيات العمل

مضموناً وتطبيقاً

تأليف

أ.د. منصور العالي

أ. ساميه يوسف

أخلاقيات العمل

مضموناً وتطبيقاً

تأليف

أ.د. منصور العالي

أ. ساميه يوسف

الطبعة الثانية لسنة: 2018م- 1439هـ

من إصدارات الجامعة الأهلية

اصدار رقم (1) لسنة 2015م

رقم الناشر الدولي (ISBN):
978-99901-13-42-6
رقم الإيداع بإدارة المكتبات العامة:
253/د. ع/2015

الفهرس

شكر

نتقدم بالشكر الجزيل للجامعة الأهلية وخصوصاً أ.د. عبدالله الحواج العضو المنتدب للأكاديمية العربية للخدمات التعليمية والبحوث والرئيس المؤسس للجامعة الأهلية على دعمه لجهودنا في كتابة وطباعة هذا الكتاب. نشكر كل مَن ساعدنا بفكرة أو تعليق، ونخص بالذكر د. علي فرحان و أ. أسامة مهران و حسن أحمد العالي و أ. زينب الجزيري و وسن السوّاد. نشكر عائلتينا العزيزتين لإعطائنا الوقت والدعم.

الباب الأول
المقدمة

إن العمل ضرورة من ضروريات الحياة وبه يعمر الإنسان الأرض ويستخرج كنوزها وثرواتها، كما أن العمل هو الوسيلة الأولى لضمان معيشة الإنسان، واستقرار حياته وبقائه حياً مكرماً على وجه الكرة الأرضية. تعدّ أخلاقيات المهنة من القوانين والشرائع والمواصفات التي يضعها المختصون لكي يلتزم الشخص بها ويسير على نهجها وينظم علاقته بغيره من الناس، وهي تلزم الإنسان أن يتصرف بالشكل اللائق ويتحرك ضمن الذوق والأخلاق سواءٌ كان مع زملائه في العمل أم مع الآخرين الذين لهم علاقة بالعمل.

فكلمة أخلاقيات تعني: "وثيقة تحدد المعايير الأخلاقية والسلوكية المهنية المطلوب أن يتبعها أفراد جمعية مهنية. وتعرف بأنها بيان المعايير المثالية لمهنة من المهن تتبناه جماعة مهنية أو مؤسسة لتوجيه أعضائها لتحمل مسؤولياتهم المهنية"[1]. وعلاوة على ذلك، فإن الإسلام قد بيّن هذه الأخلاقيات ووضّحها القرآن الكريم وسنة الرسول (صلى الله عليه وآله وسلم). ولكل مهنة أخلاقيات وآداب عامة حددتها القوانين واللوائح الخاصة بها، ويقصد بآداب وأخلاقيات

---

1 Droit et déontologie

المهنة مجموعة من القواعد والأصول المتعارف عليها عند أصحاب المهنة الواحدة، بحيث تكون مراعاتها محافظة على المهنة وشرفها.

إن الهدف الرئيسي من هذا الكتاب هو توضيح أخلاقيات العمل في مختلف المجالات، والتي يُحبذ أن يتحلى بها ويطبقها كل منتسبي المؤسسات من موظفين ومسؤولين وأصحاب العمل.

إن للأخلاق أهمية بالغة في مختلف مجالات حياتنا، لما لها من تأثير كبير في سلوك الإنسان وما يصدر عنه، بل يمكن القول إنها سلوك الإنسان لما هو مستقر في نفسه من معانٍ وصفات. الأخلاقيات هي حقل يدرس أسئلة القيم، وهي الحكم على فعل الإنسان، أهو حسن أم سيء في المواقف المختلفة.

الأخلاقيات هي المقاييس والقواعد التي تبنى عليها قرارات وأفعال كثيرة عندما لا يوجد عادة جواب واضح. وعلاوةً على ذلك، إنَّ صلاح أفعال الإنسان مرتبط بصلاح أخلاقه؛ فإذا صلح الباطن (الصفات المستقرة في القلب) صَلُحت الأفعال (من قبل الجوارح)، وإذا فسد الباطن فَسُدت الأفعال.

الكثير من الدراسات والإحصائيات التي قامت بها كل من جامعة

هارفرد وستانفورد أثبتت أن نجاح الموظف في عمله يعتمد بنسبة 85% على مهاراته الشخصية ومهارات تعامله مع الآخرين وأن 15% فقط يعتمد على مهاراته في أداء هذا العمل. كما حصلت دراسة على 1500 شركة خاصة مساهمة في سوق المال الأمريكية، على نتائج بأن الشركات المهتمة بأخلاقيات العمل والتعامل حققت أرباحاً أكثر ونسبة أقل في تكاليف التشغيل. بالاضافة إلى ذلك، وفي استبانة أجرتها مجموعة روبرت هاف انترناشيونال المحدودة، على أكثر من 1400 موظف، أجاب 58% منهم بأن الاستقامة والنزاهة هما أكثر صفتين تعجبهم في المرشّحين للوظائف (www.calcpa.org). علاوة على ذلك فإن اليابانيين يشتهرون بجديتهم الذاتية في أداء العمل، إذ أن العمل هو وجود المواطن الياباني، وهو ما يعرف باليوروكي (YORUKI).

يوجد اختلاف بين المسؤولية القانونية والمسؤولية الأخلاقية. فالمسؤولية القانونية تتحدد بتشريعات ملزمة لشخص أو موسسة أو هيئة أو أية جهة. لكن المسؤولية الأخلاقية أوسع وأشمل إذ أنها تتعلق بعلاقة الإنسان بخالقه وبنفسه وبغيره، فتكون مسؤولية ذاتية أمام الله والضمير. فالقانون مقصور على سلوك الإنسان نحو غيره بحسب قانون مجتمعه وبتنفيذ سلطة الأمن. أما المسؤولية الأخلاقية فهي ثابتة ولا تتغير، وتمارسها قوة ذاتية تتعلق بضمير

الإنسان الذي هو سلطته الأولى. ومن هنا فإن كلا من المسؤولية الأخلاقية والمسؤولية القانونية متكاملتان ومطلوبتان في أي مهنة مهما كانت، ولا يمكن الفصل بينهما.

يهدف هذا الكتاب إلى تعريف العمل والمهنية وأخلاقيّات العمل. كما أنه يوضح هذه الأخلاقيّات ودواعيها وتأثيرها على الفرد والمجتمع والتجارة والصناعة وحتى على الدول. لذا حاولنا أن يُخرج هذا الكتاب بأسلوب جديد شيّق سلس يخدم جميع عموم القُرّآء، والموظفين وأصحاب الأعمال خاصة. ينقسم هذا الكتاب إلى عدة فصول تتعلق بالعمل والمهنية وأخلاقيات الموظف، والشركة أو المؤسسة، بالإضافة إلى أخلاقيات المجتمع. ومن خلال ذلك نُعرِّف الأخلاق من مفهوم المجتمع والفرد والمؤسسة. كما أن هذا الكتاب يتطرق إلى مفهوم العمل لغوياً واصطلاحاً ومن وجهة النظر الإسلامية. كما يبيّن هذا الكتاب مفهوم الأخلاق لغوياً واصطلاحاً وكذلك من وجهة نظر الفلاسفة العظماء ناهيك عن وجهة النظر الغربية والإسلامية.

وعلاوة على ذلك، تعرضنا في كتابنا هذا، لسيناريوهات تتعلق بالمواقف التي يتعرض لها الموظف في الشركة التي يعمل بها، وموقف الشريعة الإسلامية والمجتمع من القانون المحلي والدولي، على سبيل

المثال، فإن شخصاً يعمل في شركة كمبرمج، قضي فيها ما يقارب السنة، إقترض مبلغاً من المال لشراء سيارة وغيرها من الأمور، بعد مدة إكتشف أن هذه الشركة تقوم بصنع الفيروسات المهاجمة التي قد تضر بمنافسيها أو الأفراد، وفي الوقت نفسه كان يقوم بعمل أحد البرامج التي شارفت على الانتهاء لصالح هذه الشركة. فما موقف كل من: الشريعة الإسلامية، المجتمع والقانون المحلي والدولي والقانون الأخلاقي؟

من خلال كتابنا هذا، نوضح أن أخلاقيات العمل تعتبر من الأساسيات المهمة لشغل الوظيفة والتي ينبغي التأكيد عليها بصورة مستمرة، إذ أن الدين والأخلاق الشخصية والمهنية تقرر الفضائل الخُلقية. وهنا نطرح سؤالاً مهماً: هل يوجد تناقض بين أخلاقيات العمل النبيلة التي يدعو إليها القران الكريم والحديث الشريف والأخلاقيات المهنية وقوانين العمل العالمية، وبين التطبيق العملي واليومي لبعض تلك الأخلاقيات حول العمل؟

لكل من الشريعة الإسلامية والمجتمع والقانون موقفه من كل مشكلة، فحكم صناعة الفيروسات المهاجمة في الشريعة الإسلامية ليست محرمة، وإنما يحرم استعمالها في الإضرار بأي مسلم، وبأي إنسان على الإطلاق. وأما نظرة المجتمع فبالطبع استياء الأفراد من صانعي

الفيروسات الذين يتسببون لهم بالمشاكل وهم في غنى عنها. لا يوجد في كثير من الدول، على سبيل المثال، قانون صريح يتضمن العقوبات بجرائم الحاسب الآلي والإنترنت لذا يتعين إصدار قانون خاص يتضمن عقوبات للجرائم الإلكترونية، كما لابد من نشر الوعي لدى جمهور مستخدمي الإنترنت والحاسب الآلي وموظفي المصارف والهيئات العلمية حول خطورة هذه الجرائم وإقرار مبدأ التعاون الدولي في مكافحة هذه الجرائم. نفس الكلام ينطبق على مهن كثيرة كمهنة الطب والمحاماة والقضاء والتعليم.

معظم المهن المعروفة والعريقة كمهنة الطب والمحاماة والقضاء والتعليم، لها أخلاقيات معروفة تتبناها هيئات وجمعيات محلية وعالمية، ويوجد لها قَسَم كقَسَم الطبيب مثلاً. في العقود الأخيرة، ونظراً لتقدم العلم والصناعة ظهرت مهن أخرى كمهنة مبرمجي الحاسوب، ومحللي نظم الحاسوب، ومهندسي الإتصالات والإنترنت وغيرها، والتي أُوجد لبعضها تعريفات لأخلاقيات المهنة من قبل هيئات وجمعيات عالمية، ولكن هذه الأخلاقيات لا تحصل على الدعم والإعلام والتثقيف والإصرار المطلوب من قبل الشركات والحكومات والجمعيات.

نتمنى أن القارئ الكريم وبعد انتهائه من قراءة هذا الكتاب، سواءٌ كان عاملاً أم مديراً أم صاحب عمل، يكون قد اطلع على مفهوم

الأخلاقيات في العمل، وعليه ينتج عن ذلك نضوج المجتمع بشكل عام، ويزداد النمو الإقتصادي والراحة النفسية للعامل وصاحب العمل.

الباب الثاني
تعريف العمل

إن العمل ضرورة من ضروريات الحياة وبه يعمر الإنسان الأرض ويستخرج كنوزها وثرواتها، كما أن العمل هو الوسيلة الأولى لضمان معيشة الإنسان، واستقرار حياته وبقائه حياً مكرماً، على وجه الكرة الأرضية.

إن الله سبحانه وتعالى أودع وألهم في كل إنسان منذ الخلق الأول للبشرية، بل كل ما دب ودرج على هذه الأرض بضرورة العمل لتستقيم وتسير الحياة على النهج والنظام الذي رسمه الله تعالى بحكمته. فنحن نجد أن الإنسان منذ العصور الأولى، أي منذ خلق أبينا آدم (عليه السلام) وإلى يومنا هذا قد انطلق يعمل كادحاً في تحصيل رزقه وقوته وسد رمقه. وعلاوة على ذلك، فإن الحيوانات أيضاً تشعر شعوراً ذاتياً وفطرياً بضرورة العمل لعيشها وبقاءها، فتراها دائبة مجدة على تحصيل قوتها. على سبيل المثال، النملة وهي من المخلوقات الصغيرة والعجيبة، إذ يقول عنها الإمام علي (عليه السلام) في وصفها {وصبت على رزقها تنقل الحبة إلى جحرها، وتعدها في

مستقرها تجمع في حرها لبردها، وفي ورودها لصدورها}[2].

لقد طلب الله من الإنسان أن يسعى لتحصيل الخيرات إذ جعلها على سطح الأرض وفي باطنها، كما قال تعالى: ﴿هُوَ الَّذِي جَعَلَ لَكُمُ الْأَرْضَ ذَلُولاً فَامْشُوا فِي مَنَاكِبِهَا وَكُلُوا مِنْ رِزْقِهِ وَإِلَيْهِ النُّشُورُ﴾[3]. فعن طريق العمل والسعي الدؤوب من قبل الإنسان قامت سنن الكون ووجدت معالم الحضارات، وظهر الرقي والإبداع والتطور، ونهضت الشعوب، وارتقت من العصر البدائي الحجري إلى عصر التكنولوجيا والعولمة. وفي هذا الباب، نخوض ونتعمق في معنى العمل وما هو العمل في الإسلام وكيف يكون عبادة لينهض بالشعوب ويرتقي بها إلى مستويات عالية ورفيعة تلبي متطلباتها.

1-2 معنى العمل

في اللغة العربية يوجد معانٍ كثيرة لكلمة العمل وما يشتق منها، وسنكتفي بذكر بعض المعاني من بعض المعاجم الرئيسية وهي معجم الوسيط، معجم الغني ومعجم اللغة

2 نهج البلاغة- 2/ 139

3 سورة الملك آية 15

العربية المعاصر. ومن ثم نعرض معنى العمل في القاموس الإنجليزي اكسفورد.

معنى العمل لغوياً في معجم الوسيط

العَمَلُ: المهنة والفعلُ. والجمع: أَعمالٌ.

و العَمَلُ (في الاقتصاد): مجهود يبذله الإنسان لتحصيل منفعة.

ومعنى عَمِلَ لغوياً في معجم الغني

"عَمِلَ مَا طُلِبَ مِنْهُ": أَنْجَزَهُ، فَعَلَهُ.

سورة فصلت آية 46: ﴿مَنْ عَمِلَ صَالِحاً فَلِنَفْسِهِ﴾ (قرآن).

وأحد المعاني في معجم اللغة العربية المعاصر

عمِلَ شيئًا: فعله عن قصد وصنعه "ماذا تعمل طوال النّهار ؟ - ﴿أَنْ اعْمَلْ سَابِغَاتٍ وَقَدِّرْ فِي السَّرْدِ﴾ - ﴿وَقُلِ اعْمَلُوا فَسَيَرَى اللهُ عَمَلَكُمْ وَرَسُولُهُ وَالْمُؤْمِنُونَ﴾"

عمِل الشّيء طوعًا: عمله برضاه، غير مُكْرهٍ عليه، - عمِل حسابًا للأمر: وضعه في تقديره وحسبانه، - عمِل من أجله المستحيل: بذل أقصى ما يقدر عليه، - عمِل من الحبَّة قبَّة:

بالغ في الأمر، – وِفقًا للقواعد المعمول بها: المعتمدة، – يعمل الخيرَ ويرميه في البحر: لا ينتظر جزاءً عليه.

ومعنى العمل في قاموس اكسفورد

– هو النشاط الذي يقتضي جهد عقلي أو بدني القيام به من أجل تحقيق نتيجة.

– العمل كونه وسيلة لكسب الدخل.

– هو المكان الذي يعمل فيه الموظف.

– هو فترة من الزمن ينفقها الموظف في العمل المأجور.

أما معنى العمل اصطلاحاً

هو كلُّ نشاطٍ جسمي أو عقلي يقوم به الإنسان بهدف الإنتاج في مؤسَّسة؛ حكوميَّة كانت أو خاصَّة، أو في حرفة أو مهنة[4].

ومعنى الوظيفة

يقصد بها العمل الذي يقوم به الموظف سواءٌ في القطاع الحكومي أم القطاع الخاص. ويكون هذا العمل ضمن العمل

---

4 تيسير الكريم الرحمن في تفسير كلام المنان

الكتابي أو العمل الإداري ونحوه.

ومعنى الحرفة

يقصد بها العمل اليدوي والبدني الذي يمارسه الحرفي في كلٍّ من الورشة أو المصنع أو البيوت ونحوها، وليس بالضرورة أن تكون لدى الحرفي دراسة نظرية مكثفة لكي يتقن العمل الحرفي، بل يمكن عن طريق تكرار المشاهدة والتجربة أن يكتسب ذلك.

ومعنى المهنة

يقصد بها العمل الذي يشغله العامل بعد أن يحصل على دراسة أكاديمية ونظرية كافية، وتدريب عملي مكثف في مجال دراسته في المراكز العلمية أو المعاهد والجامعات المتخصصة، وهذا النوع من العمل يحتاج إلى مجموعة من المهارات والمعارف النظريَّة والقواعد، فعلى سبيل المثال لا الحصر، مهنة الطب، الهندسة، المحاماة، التعليم ومهن مختلفة كتقنية التكنولوجيا.

2-2 العمل عند الفلاسفة وعبر التاريخ

العمل من الوظائف المهمة للإنسان. العمل يتطور بتطور الزمان وعلى مر التاريخ. العمل ميزة إنسانية، فلكي يتم انجاز العمل بشكل متكامل فهو عادةً يتطلب إلى إنجازه بشكل جماعي لا بشكل فردي. وإن لكل عصر أعمالاً تناسبه وخاصة به، فبدءاً من العصر البدائي إلى العصر الحجري وإلى أن تتطور العصور وصولاً إلى عصرنا التقني والتكنولوجي، فالأعمال تتطور بتطور العصور؛ وذلك لتهيئة الطبيعة والحياة السهلة والمعيشة الميسرة للناس. أفلاطون يرى أن هنالك سبيلين لتحقيق الأنشطة الثلاثة الرئيسية للحياة (تحضير الغذاء، وصناعة الملابس وبناء السكن)، وهما:

السبيل الأول: هو أن يقوم كل فرد بإنجاز هذه الأنشطة الثلاثة بالتتابع، فيقسم وقته بينها، وهذا ما يحصل فعلا في بعض المجتمعات "البدائية" إذ يقوم الإنسان بكل أنواع الأنشطة.

السبيل الثاني: وهو المتبع في المجتمعات المتطورة ويقوم على تخصص كل فرد من أفراد المجتمع في نشاط من هذه الأنشطة،

حيث يخصص لها كامل وقته وهذا هو ما يسمى بالتقسيم الإجتماعي للعمل[5]، وهو الرأي الذي يميل إليه. فأفلاطون لا يعير أية أهمية لارتفاع الإنتاج باعتباره أحد النتائج المباشرة المترتبة على تقسيم العمل. حيث يرى أن الهدف النهائي للعمل هو تلبية حاجة طبيعية فقط، ومن هنا تتضح نظرته إلى العمل كخدمة يقدمها المنتج للمستعمل أو المستهلك[6].

أما أرسطو فلا يعدّ العمل، والعمل اليدوي على وجه الخصوص، ذا قيمة اجتماعية، فهو إكراه طبيعي. فللإنسان في الحياة وظيفة أساسية هي تحصيل الفضيلة، ويتم ذلك عن طريق البحث الفلسفي والإشتغال بالسياسة بأشمل معانيها، غير أن الفيلسوف والمواطن الحر بصفة عامة في حاجة إلى تلبية حاجياته الأساسية من تغذية وملبس ومسكن، ولو قام بنفسه بتحصيل ذلك، لما بقي له من الوقت ما يكفيه لممارسة وظيفته السياسية.

من هنا برزت ضرورة مفادها أن تنشأ طبقة من البشر تختص

---

5 جمهورية أفلاطون

Le travail humain, p24 6

بهذه الأعمال، إلا أن هذه الطبقة من البشر لا يجب أن تكون من بين المواطنين، فيأتي دور العبيد لينجزوا الأعمال المنزلية وكل الأعمال المقترحة ويتحملوا عن المواطنين الأحرار أعباء تحصيل الرزق. فلا يجوز لمن يعملون لكسب قوتهم وقوت غيرهم أن يحسبوا في عداد المواطنين. فالمواطنون، حسب أرسطو، لا يحيون حياة أرباب الآلات والحرف، لأن مثل هذه الحياة تحط من شرف الإنسان، ولا تتفق مع الفضيلة. كما لا يجوز للمواطنين أن يشتغلوا بالزراعة، لأنهم في حاجة إلى فراغ؛ وإن كان من حقهم أن يملكوا الأرض الزراعية، أما فلاحة الأرض فتترك للعبيد من جنس آخر[7]. وقد ظلت هذه النظرة الفلسفية للعمل حاضرة عند كل الفلاسفة بعد أرسطو إلى حدود القرن الثامن عشر. ومن ثم إختلفت لدى الفيلسوف الألماني جورج ويلهلم هيجل، فأعطى مفهوماً آخر للعمل، وعرفه باعتباره إنتاجاً للإنسان بواسطة الإنسان[8].

وبالاضافة إلى ذلك، فإن هيجل يرى أن العمل هو أداة

---

7 تاريخ الفلسفة الغربية

8 La phénoménologie de l'esprit

التحرير الوحيدة للإنسان. فعمل العبد هو الذي يحرره من سيطرة الطبيعة كما يحرره من سيطرة السيد فيما بعد، إن علاقات الإنسان بالطبيعة ليست علاقات معرفية فقط، ولكنها أيضاً وقبل كل شيء علاقات تحويل وتغيير متبادلة، فالعامل في النهاية يشتغل لصالح السيد، وهذا يعني أن العمل نشاط اجتماعي ينجزه الناس بعضهم لصالح بعض من أجل التلبية المتبادلة لحاجياتهم، إن العمل يكون بذلك اللحمة الحقيقية للعلاقات الاجتماعية[9].

العمل عند كارل ماركس هو أساساً فعل طرفاه الأساسيان هما الإنسان والطبيعة. ويلعب الإنسان في مواجهة الطبيعة دور قوة طبيعية، فالقوة التي يتوفر عليها الإنسان والكامنة في يديه ورجليه ورأسه تستخدم بشكل إيجابي من أجل تحقيق أهدافه، وفي نفس الوقت يؤثر بعمله هذا في الطبيعة الخارجية ويحولها. وبتحويل الطبيعة يحول طبيعته الخاصة أيضاً، وينمي الملكات والقدرات الراقدة فيه[10].

Le travail humain, p20 9

Le capital 10

كذلك فإن العمل عند ماركس هو نشاط واع، متأمل ومقصود، فالإنسان يتمثل ويتخيل في البداية ما ينوي القيام به. فالعمل في نظره ليس عفوياً ولا طبيعياً، وهو لا يتطلب مجهودات عضلية فقط من أجل تحويل الطبيعة، ولكن استعداداً سيكولوجياً أيضاً، حيث يقتضي الحفاظ على الإرادة الإنسانية في مستوى محدد من التوتر والإنفعال المستمر. وحين يعمل الإنسان فإنه يحقق ويخرج ويموضع قدراته الخاصة، ومن ثم فإن العمل ليس فقط تحويلاً للطبيعة لكنه أيضاً تحويلاً لطبيعة الإنسان نفسه[11].

وأما عن تطور العمل عبر التاريخ، فنذكر بشكل مختصر الآتي:

- مرحلة ما قبل التاريخ: كان الأفراد يهتمون بوسائل البقاء، والأنشطة التي كانوا يؤدونها لا يمكن وصفها بالعمل كما هو متعارف عليه عندنا الآن[12].
- ثلاثون ألف سنة تقريباً قبل ظهور المسيح: ظهر العمل، فلم يقتصر الناس على الأنشطة الأولية مثل

Manuscrits de 11

Les chasseurs de la préhistoire 12

جني الثمار والصيد، بل تمكن من القيام بأنشطة أعقد، مثل بناء الأكواخ وحياكة الأثواب وإنجاز بعض المنحوتات والرسوم[13].

- ابتداءً من الألفية السابعة قبل ميلاد المسيح: ظهرت الزراعة[14].
- مع الحضارة اليونانية: ظهر أول تقسيم إنساني للعمل، وقد قام أساساً على التمييز بين العمل اليدوي والعمل الفكري[15].
- في الإمبراطورية الرومانية: تطور العمل إلى الصناعة والتجارة[16].
- مع التيار المسيحي الجديد: أصبح ضرورة أن يقوم المسيحي بإنجاز المهنة أو الحرفة التي أوكلها الله به، وعُدّ ذلك واجباً من الواجبات. كما أصبح العمل والإخلاص في إنجازه وسيلة من وسائل التقرب إلى الله وعبادته[17].

---

13 Le travail, p8
14 Age de pierre
15 Le travail, p11
16 op. cit, p13
17 op. cit, p16

- العمل في الحضارة العربية الإسلامية: اشتمل على النشاط التجاري. ومع الفتوحات الإسلامية ظهرت معالم حضارة إسلامية متجسدة في حواضر كبرى تمارس فيها مختلف الأنشطة الإقتصادية. وأصبحت المدن مراكز الحرف والمهن[18].
- نهاية القرن الثامن عشر: لم تكن الصناعة راكدة تماماً، وكان إنتاجها يكفي حاجة الأسواق ويصدر بعضه، إلا أن أساليب الصناعة بقيت تقليدية. وفي مطلع القرن التاسع عشر بدأت الصناعات الأوروبية تغزو الأسواق[19].
- عصرنا الحالي: تطور العصر بتطور العلم والتكنولوجيا والتقنيات الحديثة، وبالتالي أدى إلى تطور الأعمال وتعددها وتوسعة مجالاتها. على سبيل المثال لا الحصر، ظهرت مهن الطبيب والمهندس والمعلم والباحث والمحاسب والمبرمج والإداري وأعمال مختلفة في مجال الإنترنت والشبكات.

---

18 مقدمة في التاريخ الاقتصادية العربي، ص144

19 مقدمة في التاريخ الاقتصادية العربي، ص132

2-3 العمل في الإسلام

للعمل في الإسلام مكانة عالية، ومنزلة رفيعة؛ حيث ينظر الإسلام إلى العمل نظرة إجلال واحترام وتكريم. العرف الإسلامي يطلق على العمل تارة بالجهد والمشقة التي تقابل بالمال، وعليه بنى الفقهاء قاعدتهم المشهورة (عمل المسلم محترم)؛ أي ضمان عمله، وعدم ذهابه هباءً ومجاناً. فالإسلام أفرد للعمل مساحة واسعة في التشريع على صعيد المعاملة وعلى صعيد الأخلاق، لأن العمل يعد بذاته أساس ودعامة مهمة في النظام الإقتصادي والبناء الاجتماعي، فقد خلق الله تعالى الاشياء في الكون وعلى الأخص على الأرض ثم ربطها بأسبابها الطبيعية فعالمنا هو عالم الأسباب والمسببات.

هذا فضلا على أن العمل يعد ركيزة فاعلة في التطور الإنساني، ويسمو بالفرد والمجتمع إلى أعلى المراتب والمستويات ذات الشأن الرفيع. والإسلام حين جعل للعمل هذه الأهمية السامية في الحياة الإنسانيّة وأنظمتها، فذلك لأن العمل هو الوسيلة التي يتمكن بها الإنسان من تحقيق مبادئ الاستخلاف في الأرض وعمارتها، والاستفادة من كل الموارد الطبيعية المخزونة في سطح الأرض وفي باطنها.

ونذكر هنا ببعض ما ورد عن العمل في كتاب الله الشريف، ومنها قوله سبحانه: ﴿وَمِنْ آيَاتِهِ مَنَامُكُمْ بِاللَّيْلِ وَالنَّهَارِ وَابْتِغَاؤُكُمْ مِنْ فَضْلِهِ إِنَّ فِي ذَلِكَ لَآيَاتٍ لِقَوْمٍ يَسْمَعُونَ﴾[20] فالنوم هنا تارة يكون بالليل، وتارة يكون بالنهار لمن تستدعي طبيعة عمله بأن يعمل بالليل. وقال تعالى: ﴿وَجَعَلْنَا النَّهَارَ مَعَاشًا﴾[21]. وقال عز وجل: ﴿عَلِمَ أَنْ سَيَكُونُ مِنْكُمْ مَرْضَى وَآخَرُونَ يَضْرِبُونَ فِي الْأَرْضِ يَبْتَغُونَ مِنْ فَضْلِ اللَّهِ وَآخَرُونَ يُقَاتِلُونَ فِي سَبِيلِ اللَّهِ﴾[22].

ونظراً لانشغال بعض الناس بالعمل في النهار فقد خفف الله تعالى عليهم العبادة والقيام في الليل، وذلك حتى لا يرهقهم التعبد في الليل ويشغلهم عن العمل في النهار. وقال تعالى: ﴿ مَنْ عَمِلَ صَالِحًا مِنْ ذَكَرٍ أَوْ أُنثَى وَهُوَ مُؤْمِنٌ فَلَنُحْيِيَنَّهُ حَيَاةً طَيِّبَةً وَلَنَجْزِيَنَّهُمْ أَجْرَهُمْ بِأَحْسَنِ مَا كَانُوا يَعْمَلُونَ﴾[23]. من خلال هذا نستنتج أن العمل اقترن بالفضل [وَابْتِغَاؤُكُمْ مِنْ فَضْلِهِ]، واقترن بالعيش والمعيشة [مَعَاشًا]، وبالحياة الطيبة

20 سورة الروم آية 23

21 سورة النبأ آية 11

22 سورة المزمل آية 20

23 سورة النحل آية 97

[حياة طيبة]. ووردت أحاديث شريفة في العمل أيضاً، تبين أن العمل في حد ذاته مقدس في نظر الإسلام ومنها؛ ما ورد في الحديث عن النبي (صلى الله عليه وآله وسلم) {العبادة سبعون جزءًا، أفضلها طلب الحلال}[24]. وفي الحديث المروي عن رسول الله (صلى الله عليه وآله وسلم) {إن قامت على أحدكم القيامة وفي يده فسيلة فليغرسها}[25]. وقد تعجب أحدهم من الإمام محمد الباقر لأنه رآه وقت الظهيرة يعمل في بستان له وهو يتصبب عرقاً، فالتفت الإمام وقال {إن لي من يكفيني من غلماني، ولكن أحب أن يراني الله وأنا أعمل من أجل لقمة العيش}، وأيضاً قال رسول الله (صلى الله عليه وآله وسلم) {مَن أمسى كالاًّ من عمل يده، أمسى مَغفُورًا له}[26] وفي روايةٍ أخرى: {ما كسَب الرجلُ كسبًا أطيب من عمل يَدِه}[27].

4-2 العمل عبادة

الإسلام رفع شأن العمل وأعلى قدره، إذ جعله بمنزلة العبادة، بل جعله إذا اقترن بالنية الصالحة والخالصة لله يخرج من حيز

24 وسائل الشيعة ٢١/١٧

25 مسند الإمام أحمد، الحديث رقم 12435

26 رواه الطبراني في الصغير

27 رواه ابن ماجه

العادات وضروريات الحياة ليكون عبادة لله تعالى. فالإسلام لا يفرق بين عبادة خالصة كالصلاة أو كالصوم، وبين عمل في الحياة الدنيا لكسب الرزق الحلال، ورفع مستوى المعيشة وإثراء الحياة بالإنتاج، من حيث نيل الثواب والجزاء الحسن. فإن الله سبحانه وتعالى يضع النتائج الطبيعية للعمل فى الحياة الدنيوية ويضع أمامنا الجزاء عليه فى الحياة الأخروية، كحافز يحمل الإنسان على خلوص العمل وإتقانه من غير تحديد نوع العمل، فقط أن يكون في الحلال. يقول الله تعالى: ﴿إِنَّ الَّذِينَ آمَنُوا وَعَمِلُوا الصَّالِحَاتِ إِنَّا لا نُضِيعُ أَجْرَ مَنْ أَحْسَنَ عَمَلًا﴾[28].

الإسلام جعل العمل عبادة وطاعة لله؛ لكي يتسابق المسلمون إلى ميادين العمل، فقد ورد أن صحابيين جاءا إلى رسول الله (صلى الله عليه وآله وسلم) وهما يحملان أخاً لهما، فسألهما النبي (صلى الله عليه وآله وسلم) عنه فقالا: أنه لا ينتهي من صلاة إلا إلى صلاة، ولا يخلص من صيام إلا إلى صيام حتى أدركه من الجهد ما ترى. فقال (صلى الله عليه وآله وسلم): فمن يرعى إبله، ويسعى على ولده؟ فقالا: نحن، فقال (صلى الله عليه وآله وسلم): أنتما

28 سورة الكهف آية 30

أعبد منه.

فليس من الإسلام أن يزهد الإنسان في الدنيا، ويدع متع الحياة، ويقبل على الصلاة والصيام فقط؛ حيث يزوي بنفسه بجو من العبادة والذكر بما يجعله يعطل حياته برمتها، بل عليه أن يمزج بين الدنيا والآخرة مزجاً كريماً، حيث يقول الله تعالى: ﴿قُلْ مَنْ حَرَّمَ زِينَةَ اللَّهِ الَّتِي أَخْرَجَ لِعِبَادِهِ وَالطَّيِّبَاتِ مِنَ الرِّزْقِ قُلْ هِيَ لِلَّذِينَ آمَنُوا فِي الْحَيَاةِ الدُّنْيَا خَالِصَةً يَوْمَ الْقِيَامَةِ كَذَٰلِكَ نُفَصِّلُ الْآيَاتِ لِقَوْمٍ يَعْلَمُونَ﴾[29]. وفي أقوال الخليفة عمر بن الخطاب (رضي الله عنه) شدد على المواءمة بين العمل للدنيا والآخرة قائلا: {ليس خيركم من عمل للآخرة وترك الدنيا، أو عمل للدنيا وترك الآخرة، ولكن خيركم من أخذ من هذه ومن هذه. وإنما الحرج في الرغبة فيما يجوز قدر الحاجة وزاد على حد الكفاية}[30] فلابد من حالة من التوازن الفكري والروحي والعقائدي فيما يتعلق بعلاقة الإنسان بالدنيا والآخرة. فمتطلبات الدنيا مثل السعي للمعيشة وبناء المسكن وتوفير وسائل العيش الكريم، حيث ينبغي على

29 سورة الاعراف آية 32

30 عبقرية عمر

الإنسان أن يسعى في تحصيلها كأنه يعيش إلى الأبد، وكما يقول الإمام علي (عليه السلام): {إعمل لدنياك كأنك تعيش أبداً، واعمل لآخرتك كأنك تموت غداً}[31] وأن هذه الأمور ينبغي توفيرها لا محالة، ولكن بالكسب الحلال الطيب والمشروع، وهذا القيد، أي أن يكون كسبه في الدنيا حلالاً مشروعاً.

وفي موضع آخر فإن الإسلام يعدّ العمل جهاداً في سبيل الله، ويعدّ الجهد الذي يبذله المسلم في سبيل الإنفاق على عائلته وتحقيق سبل العيش الكريم لهم، من أفضل الطاعات والقربات. فقد روى زكريا بن آدم عن الإمام الرضا أنه قال: {الذي يطلب من فضل الله ما يكف به عياله أعظم أجراً من المجاهد في سبيل الله}[32]. وفي يوم ما، اجتاز النبي (صلى الله عليه وآله وسلم) ومعه جماعة من أصحابه برجل، فرأى الصحابة من جِدّه ونشاطه ما أعجبهم فالتفتوا الى النبي (صلى الله عليه وآله وسلم) فقالوا له: يا رسول الله، لو كان هذا في سبيل الله؟ فأجابهم (صلى الله عليه وآله وسلم): {إن كان خرج يسعى على ولده فهو في

---

31 من لا يحضره الفقيه : ج3 ص156 ح3569 ب2

32 الوسائل كتاب التجارة

سبيل الله، وأن كان خرج يسعى على أبوين شيخين كبيرين فهو في سبيل الله وأن كان خرج يسعى على نفسه فهو في سبيل الله}[33].

إن العمل من سيرة النبيين والمصلحين، فقد جعل الله تعالى العمل سنَّة أنبيائه ورسله مع انشِغالهم بالدعوة إلى توحيد الله، وتبليغ رسالته السماوية إلى أممهم. فقد اختار الله أنبياءه ورسله لحمل الأمانة والتبليغ الديني، ومن أبرز صفاتهم كان العمل، وعلى سبيل المثال لا الحصر، فهذا النبي نوح (عليه السلام) كان يصنع السفن وتلك مهنة النجارين، والنبي داود (عليه السلام) كان حداداً، والنبي موسى (عليه السلام) رعى الغنم. والنبي محمد (صلى الله عليه وآله وسلم) تاجر في أموال السيدة خديجة قبل أن يتزوجها، وكان رسول الله (صلى الله عليه وآله وسلم) نعم الصادق الأمين، وبعد البعثة كان يعمل مع أصحابه ويشاركهم في أتعابهم وأعمالهم. فيكفي العامل شرفاً وفخرا أن الله تعالى لم يبعث نبيّاً إلا كان عاملاً كادحاً فقد روى الإمام الصادق عن جده الإمام علي (عليه السلام) أنه قال: {إن الله أوحى الى داود (عليه السلام) يا داود إنك نعم العبد لولا أنك تأكل من بيت

33 التهذيب كتاب المكاسب

المال، ولا تعمل بيدك شيئاً، قال: فبكى داود أربعين صباحاً فأوحى الله إلى الحديد أن لِنْ لعبدي داود فلان له الحديد فكان يعمل في كل يوم درعاً}[34]. وقد فقه صحابة رسول الله (صلى الله عليه وآله وسلم) ذلك، فاجتَهدوا في العمل لكسب الرزق؛ حيث رُوِي أنَّ أبا بكرٍ كان بزازًا، وكان عمر بن الخطاب يعمل بالأدم (الجلد)، وكان عثمان بن عفَّان يعمل بالتجارة، وقد أجر علي بن أبي طالب نفسه أكثر من مرَّة ليكسب قوت يومِه[35].

ونظراً لأهميه العمل البالغة في الإسلام، وما يترتب عليه من نتائج دنيوية وأخروية تعود على العامل نفسه، فقد ذمّ الإسلام تارك العمل وتوعده بأن لا يُستجاب دعائه في طلب الرزق. إن قوماً من أصحاب رسول الله (صلى الله عليه وآله وسلم) لما نزلت الآية: ﴿وَمَن يَتَّقِ اللَّهَ يَجْعَل لَّهُ مَخْرَجًا وَيَرْزُقْهُ مِنْ حَيْثُ لَا يَحْتَسِبُ﴾[36] أغلقوا الأبواب، وأقبلوا على العبادة، وقالوا: قد كفينا الطلب، فبلغ ذلك النبي (صلى الله عليه وآله وسلم) فأرسل إليهم فلما مثلوا عنده قال لهم ما حملكم على ما صنعتم؟

---

34 التهذيب كتاب المكاسب

35 الكسب

36 سورة الطلاق آية 2-3

فقالوا: يا رسول الله، تكفل الله لنا بأرزاقنا، فأقبلنا على العبادة. نهرهم (صلى الله عليه وآله وسلم) وقال لهم: {إنه من فعل ذلك لم يستجب له، عليكم بالطلب}[37].

إن الإسلام يكره الكسل والبطالة ، ويمقت صاحبها إذ أنها تؤدي بالعاطل عن العمل إلى فقره وذهاب مروءته وكرامته، كما أن الكسل يكون موجب لشل الحركة الاقتصادية وتجميد طاقات الإنسان، ومما يؤدي إلى فساد الفرد والمجتمع. فالإسلام يأمر بالعمل وينهي عن البطالة والكسل، وقد ورد في الأدعية المأثورة عن أئمة أهل البيت (عليهم السلام) والصحابة الأجلاء بالتعوذ منه، فقد جاء في أحد الأدعية «اللهم اني أعوذ بك من الكسل والسأم والفترة والملل»[38]. كما وردت أحاديث شريفة تنهى عن الكسل والبطالة ومنها؛ قال الإمام الصادق لبعض أصحابه: {إياك والكسل والضجر، فإنهما مفتاح كل سوء إنه من كسل لم يؤد حقاً، ومن ضجر لم يصبر على حق}[39]. وقال الخليفة عمر بن الخطاب (رضي الله عنه): {إن المتوكل الذي يلقي حبة في الأرض ويتوكل على الله،

---

37 التهذيب كتاب المكاسب

38 مفاتيح الجنان

39 من لا يحضره الفقيه

ولا يقعد أحدكم عن طلب الرزق ويقول اللهم ارزقني. وقد علمتم أن السماء لا تمطر ذهبا ولا فضة، وأن الله تعالى يرزق الناس بعضهم من بعض}[40].

كما أن الإسلام جعَل الإرهاق والإجهاد في العمل من مُكفِّرات الخطايا والذنوب، وطهارة للنفس فقد جاء في الحديث: {من الذنوب ذنوب لا يكفرها إلا الهم في طلب المعيشة}[41]. لقد حث الإسلام على العمل، ونعت العمال بأنهم أحباء الله وأوداؤه فقد جاء في الحديث: {إن الله يحب العبد يتخذ المهنة ليستغني عن الناس}[42].

40 عبقرية عمر

41 جامع السعادات ج2

42 العمل وحقوق العامل في الاسلام

الباب الثالث
المهنة والمهنية

3-1 معنى المهنة والمهنية

بشكل غير رسمي، المهنية هي مهنة أو وظيفة تُبنى على أساس ومستوى عالٍ من التعليم، والعلم، والخبرة العملية في مجال المهنة. والمهنية تتطلب مهارات وتخصصات معينة، إذ تحكمها قوانين وآداب ومعايير؛ وذلك لكي يُنظم العمل بها. ويمكن أيضاً أن نعرفها أنها الحرفة التي بواسطتها يمكن تطبيق العلم والمعرفة والخبرة المثبتة في بعض حقول المعرفة أو العلوم، على مجالات أخرى أمكن استخدامها في ممارسة فن مستند على تلك الخبرة. كما أن المهنية هي ميزة امتلاك أسلوب علمي وفكري معين مكتسب بالتعليم الخاص؛ وبالتالي إمكانية تطبيقه في مجالات الحياة المختلفة.

بصفة عامة، يمكن القول أن المهنة هي حرفة تشتمل على مجموعة من المعارف العقلية ومجموعة ممارسات وخبرات عملية، وتوجد قواعد أخلاقية وسلوكية تحكم وتنظم العمل بين أفراد المهنة وزملائهم. ويا حبذا أن يتحلى المهنين بهذه الأخلاقيات والسلوكيات وأن يتبعوا القواعد الخاصة بها.

على سبيل المثال لا الحصر، الطب والقانون من المهن المعروفة. فإننا

نثق بالأطباء والمحامين بأنهم يؤدون عملهم بشكل صحيح ويعالجون المسائل والمشاكل الطبية والقانونية، على التوالي. المهنيين لديهم التزام خاص لضمان أن تكون أفعالهم في الخير لكل من يعتمد عليهم، لأن قراراتهم وأفعالهم، يمكن أن تكون لها عواقب أكثر خطورة من الخيارات والقرارات التي يتخذها الذين يشغلون مناصب أقل مسؤولية في المجتمع.

ينبغي الإهتمام بأخلاقيات المهنة؛ لأن الإلتزام بأخلاقيات العمل يسهم في تحسين مستوى الفرد خاصة ومستوى المجتمع بصورة عامة، إذ تقل الممارسات غير العادلة، ويتمتع الناس بتكافؤ الفرص. وبالتالي، توفر بيئة مواتية لروح الفريق وزيادة الإنتاجية، مما يعود بالفائدة على الفرد والمجتمع. كما أن هذه الأخلاقيات تزيد ثقة الفرد بنفسه وثقته بالمؤسسة التي يعمل فيها، وثقته بالمجتمع، وأيضاً تقلل القلق والخوف والتوتر بين الأفراد. وعلاوةً على ذلك، أنها تقلل تعريض المؤسسات للخطر، إذ أن المخالفات والجرائم والمنازعات تقل فيها؛ حيث يتمسك جميع العاملين فيها بالقانون الذي هو أولاً وأخيراً قيمة أخلاقيّة ساميّة. كما يشجع الالتزام بمواثيق أخلاقيّة صارمة على اللجوء في التعامل إلى الجهات الملتزمة بها أخلاقياً، وبالتالي تنجح الممارسات الصالحة المفيدة والناجعة في طرد الممارسات الطالحة والمضرة.

2-3 خصائص المهنة

إن للمهنة بُنية تحتية جيدة التنظيم؛ وذلك ليكون تصديقاً للأعضاء الجدد، ودعماً لأولئك الذين ينتمون بالفعل إلى هذه المهنة .وقد حدد فورد وجيبس ثمانية عناصر من البُنية التحتية للمهنية[1] وهي:

1. التعليم المهني الأولي – إن المرشحين ينهون العمل الدراسي الرسمي لهم قبل أن يبدأوا مزاولة المهنة.
2. الاعتماد – يؤكد أن العمل الدراسي الرسمي يلبي معايير المهنة.
3. مهارات التنمية – الأنشطة التي تقدم للمرشحين الفرصة لاكتساب المهارات العملية اللازمة لمزاولة المهنة.
4. التصديق – العملية التي من خلالها يتم تقييم المرشحين لتحديد استعدادهم للدخول في مهنة.
5. الترخيص – عملية إعطاء المرشحين الحق القانوني في مزاولة المهنة، أو سحبها ممن يسيئون استخدامها.
6. التنمية المهنية – إن المهنيين يواصلون العمل الدراسي الرسمي والتدريب من أجل الحفاظ على معارفهم ومهاراتهم

Ethics for the Information Age 1

وتطويرها.

7. منهاج الأخلاق - الآلية التي تضمن أن أعضاء المهنة سوف يستخدمون معارفهم ومهاراتهم لصالح المجتمع.

8. مجتمع المهنية - منظمة تعزيز رفاه المهنة، وعادة تتكون من معظم، إن لم يكن جميع أعضاء المهنة.

الباب الرابع
حقوق وواجبات العامل وصاحب العمل

قبل الشروع في هذا الباب، سنبين حقوق وواجبات كلٍّ من العامل وصاحب العمل. سنقدم معنى العامل وصاحب العمل لغوياً واصطلاحاً وكذلك في الإسلام. فمعنى العامل وصاحب العمل في اللغة العربية في معجم الوسيط ومعجم المصطلحات الفقهية كالتالي:

معجم الوسيط

العَامِلُ - عَامِلُ:

العَامِلُ: مَن يَعمَل في مِهنة أَو صنعة.

و العَامِلُ الذي يتولى أمورَ الرجل في مالِهِ ومِلْكِهِ وعملِه.

والجمع: عُمَّالٌ، وعَمَلَةٌ.

معجم مصطلحات فقهية

العامل: اسم فاعل، جمعه عمال وعملة، كل من عمل في حرفة بأجر، أو لحساب غيره، فإن كان يعمل لحسابه وعنده عمال يعملون عنده فهو رب عمل.

أما معنى العامل وصاحب العمل اصطلاحاً، فمثلاً وفقاً لقانون العمل البحريني في القطاع الأهلي لسنة 1976م في مادة (1) فهو كالآتي:

يقصد بلفظ عامل كل ذكر أو أنثى يعمل لقاء أجر، أيا كان نوعه لدى صاحب عمل وتحت إدارته أو إشرافه. ويقصد بـ (صاحب العمل) كل شخص طبيعي أو معنوي يستخدم عاملا أو أكثر لقاء أجر، أيا كان نوعه.

ولكن الإسلام يفترق افتراقاً أساسياً عن هذا المفهوم التقليدي ويقدم مفهوماً شاملاً، له طابعه الخاص وله أصالته الفكرية، فالعمال صنفان كما يلي:

الصنف الأول: العمال المستقلون وهم الذين يشتغلون لحسابهم الخاص، وهم كأرباب الحرف الذين يملكون محلاتهم الخاصة، وكأصحاب المهن الذين لهم مكاتبهم الخاصة.

الصنف الثاني: العمال التابعون وهم الذين يستخدمون لقاء أجر أو راتب معين كالعمال في الزراعة، والمستخدمين في الصناعة،

والتجارة، والخدمات، سواءٌ كان عملهم للافراد أم للدولة[1].

1-4 حقوق صاحب العمل

إن الإسلام شرع لصاحب العمل حقوقاً أوجبها على العامل بادائها وهي:

1 . نصح العامل: على العامل أن يخلص في عمله، وينصح فيه، ويراقب الله ليكسب ماله بالحلال، فقد قال النبي (صلى الله عليه وآله وسلم): {إن الله يحب إذا عمل أحدكم عملاً أن يتقنه}[2]. وأما إذا خالف ذلك فيعتبر خائن لضميره وعمله ومجتمعه، ويكون كسب ماله بالباطل. ففي هذه الحالة؛ يمكن النظر إلى مقدار عمله الصحيح ويعطى عليه الأجر، وأما بقية العمل الآخر فلا أجر له. وإذا أوجب إتلافا وضرراً على رب المال وصاحب العمل فهو ضامن له ومسؤل عنه.

2. **تأدية العمل**: على العامل أن يلتزم بتأدية العمل وفقاً للعقد الذي أجري عليه، وذلك بأن يؤدي العمل في الوقت المقرر له وأن

---

1 العمل وحقوق العامل في الاسلام

2 بحار الأنوار ج71 ص190

يؤديه بنفسه. ولا يحق للعامل أن ينيب عاملاً غيره لتأدية العمل، وذلك لأن صاحب العمل قد اختار شخصه، وغيره قد لا يلائم صاحب العمل، عندما لا تكون لديه المؤهلات العلمية والعملية، إلا إذا كان بينهما اتفاق على اشتراك غيرهما في العمل أو الإستنابة فيه فانه يجوز ذلك، لما ورد في الحديث {المؤمنون عند شروطهم}[3].

3. **إطاعة الأوامر**: من حق صاحب العمل على العامل أن يمتثل لأوامره أو أوامر من ينوب عنه، ويشترط فيها أمران: **الأول**: أن يكون الأمر خاصاً بتنفيذ العمل وفقاً لما ذكر في العقد، فاذا كان خارجاً عنه فلا تجب إطاعته. **أما الثاني**: أن لا يكون الأمر معرضاً العامل للخطر إذ لا يصح الاشتراط به في متن العقد ولا يجوز الأمر به.

4. **المحافظة على أدوات العمل**: من حق صاحب العمل على العامل أن يحافظ على آلات وأدوات العمل التي يستخدمها، أما إذا بدا منه تقصير في المحافظة عليها وأدى ذلك إلى إتلافها أو النقصان فهو مسؤول عنها وضامن لها.

---

3 وسائل الشيعة 30/15

2-4 حقوق العامل

نطرح هنا حقوق العامل من ثلاثة أوجه، عالميّاً ومحليّاً (البحرين، مثالاً) وإسلاميّاً.

1-2-4 حقوق العامل عالميّاً

حقوق العمال وفقا لمنظمة العمل الدولية في عام 1919م وذلك في المادة 23:

1) لكل شخص الحق في العمل، وله حرية اختياره بشروط عادلة مرضية كما أن له حق الحماية من البطالة.
2) لكل فرد دون أي تمييز الحق في أجر متساوٍ لأداء نفس العمل.
3) لكل فرد يقوم بعمل، الحق في أجر عادل مرض يكفل له ولأسرته عيشة لائقة بكرامة الإنسان، تضاف إليه، عند اللزوم، وسائل أخرى للحماية الاجتماعية.
4) لكل شخص الحق في أن ينشئ وينضم إلى نقابات، وذلك حمايةً لمصلحته.

وفي المادة 24: لكل شخص الحق في الراحة، وفي أوقات الفراغ، ولاسيما في تحديد معقول لساعات العمل وفي عطلات دورية بأجر.

2-2-4 حقوق العامل محليّاً

جميع الدول تضع تشريعاتها الخاصة لحفظ حقوق العمال. فمن حقوق العمال مثلاً وفقاً لقانون العمل البحريني في القطاع الأهلي لسنة 1976م ما يلي:

مادة 59: لا يجوز تشغيل النساء ليلا فيما بين الساعة الثامنة مساء والسابعة صباحاً، ويستثنى من ذلك دور العلاج والمنشآت الأخرى التي يصدر بشأن العمل بها قرار من وزير العمل والشئون الاجتماعية.

مادة 60: يحظر تشغيل النساء في الصناعات أو المهن الخطرة والمضرة بصحتهن وصحة الجنين التي يصدر بها قرار من وزير الصحة، بالاتفاق مع وزير العمل والشئون الاجتماعية.

مادة 66: الأجر هو كل ما يعطى للعامل مقابل عمله بموجب عقد عمل مكتوب أو غير مكتوب، مهما كان نوع الأجر سواءٌ كان نقداً أم عينيّاً، مضافاً إليه جميع الزيادات والعلاوات.

مادة 78: لا يجوز تشغيل العامل أكثر من ثماني ساعات يوميّاً أو ثمانٍ وأربعين ساعة في الأسبوع، إلا في الحالات المنصوص عليها في

هذا القانون. كما لا يجوز تشغيل العامل في شهر رمضان أكثر من ست ساعات يوميّاً أو 36 ساعة في الأسبوع وذلك فيما عدا الحالات المنصوص عليها في هذا القانون. ولا يجوز تشغيل العامل أكثر من ست ساعات متتالية دون أن يعقبها فترة راحة أو تناول الطعام لا تقل عن نصف ساعة، ولا تُحسب فترات الراحة ضمن ساعات العمل.

مادة 80: يعدّ يوم الجمعة يوم راحة بأجر كامل ويجوز لصاحب العمل بعد موافقة وزارة العمل والشئون الاجتماعية، أن يستبدل بهذا اليوم لبعض عمّاله أي يوم من أيام الأسبوع على ألا تزيد أيام العمل في الأسبوع عن ستة أيام.

مادة 84: لكل عامل أمضى في خدمة صاحب العمل سنة كاملة متصلة الحق في الإجازة لمدة لا تقل عن 21 يوما بأجر كامل عن كل سنة، وتزاد إلى مدة لا تقل عن 28 يوما بعد خدمة خمس سنوات متصلة. ويستحق العامل إجازة عن كسور السنة بنسبة المدة التي قضاها في الخدمة. ولا يجوز للعامل التنازل عن حقه في الإجازة أو أن يتقاضى عنها بدلا نقديا.

مادة 115: يجوز للعامل أن يترك العمل قبل نهاية العقد بدون سبق

إعلان مع عدم الإخلال بحقه في مكافأة مدة الخدمة والتعويض عما لحقه من ضرر في الحالات الآتية:

1) إذا لم يلتزم صاحب العمل بنصوص العقد وأحكام هذا القانون.
2) إذا اعتدى صاحب العمل أو من ينوب عنه على العامل اعتداء يعاقب عليه القانون أثناء العمل أو بسببه.
3) إذا كان استمراره في العمل يهدد سلامته أو صحته.
4) إذا كان صاحب العمل أو من يمثله قد أدخل عليه الغش وقت التعاقد فيما يتعلق بشروط العمل.
5) إذا ارتكب صاحب العمل أو من يمثله أمرا مخلا بالآداب نحو العامل أو أحد أفراد أسرته.

3-2-4 حقوق العامل اسلامياً

إن الإسلام شرّع للعامل حقوقاً كثيرة ومنها ما يلي:

1) **الحرية:** فقد أعطى الإسلام العامل الحرية التامة في العمل؛ والمراد من ذلك أنه ليس لأحد أن يقسر العامل على العمل، أو أن يجبره على مهنة لا تتفق مع مؤهلاته ورغباته. ولكن الإسلام في نفس الوقت منع العامل من مزاولة بعض الأعمال المحرمة التي تؤدي إلى فساد المجتمع ودماره، وهلاك العامل نفسه.

2) **تحديد ساعات العمل**: إن الإسلام حدد أوقات للعامل لمزاولة عمله تباعاً لصحتة وراحته ورفاهيته من غير إرهاق وعناء، فقد جاء في الحديث الشريف: {اجتهدوا في أن يكون زمانكم أربع ساعات: ساعة لمناجاة الله، وساعة لأمر المعاش، وساعة لمعاشرة الإخوان والثقات الذين يعرفونكم عيوبكم، ويخلصون لكم في الباطن، وساعة تخلون فيها للذاتكم في غير محرم}[4]. ويقول الله عز وجل: ﴿لا يكلف الله نفساً إلا وسعها﴾[5].

3) **الإضراب عن العمل**: هو أن يمتنع ويتوقف العمّال عن العمل، لكي يقبل صاحب العمل وجهة نظرهم في النزاع القائم بينهما. وقد طُرِح هذا السؤال: "ما يحصل في كثير من الدول من الإضراب عن العمل لتحقيق بعض المطالب للعامل أو تحسين بعض الأوضاع، فما حكم الإضراب عن العمل وما التخريج الشرعي لها؟" على الشيخ د. عبد الحي يوسف-الأستاذ بقسم الثقافة الإسلامية بجامعة الخرطوم- وكانت الإجابة كالآتي: "عند حصول الخلاف بين العامل وصاحب العمل، فينبغي اللجوء إلى الحصول على الحقوق بالطرق السلمية والأساليب الشرعية التي لا حيف فيها ولا ظلم؛ فلا يجوز

---

4 تحف العقول – 109

5 سورة البقرة آية 286

تخريب الممتلكات ولا الاعتداء على الأنفس ولا إشاعة الفوضى، فإذا كان الإضراب مستلزماً لشيء من ذلك فلا يجوز؛ إذ أن الظلم لا يعالج بالظلم، وأما إذا كان إضراباً سلمياً يراد به الظفر بالحق فلا حرج فيه إن شاء الله، إذ أن الأصل في الأشياء الإباحة، والله تعالى أعلم."

4) **فسخ العقد**: يقول الله تعالى في محكم كتابه ﴿يَا أَيُّهَا الَّذِينَ آمَنُوا أَوْفُوا بِالْعُقُودِ﴾[6] فعلى كلٍّ من صاحب العمل والعامل أن يوفوا بعقد العمل الذي بينهما. ولكن يحق للعامل أن يفسخ عقد العمل لأسباب يجيزها له الإسلام، فمثلاً لو ظهر غُبن في أُجرة العامل؛ أي العمل الذي يقوم به يستحق أكثر مما تعاقد عليه، أو أن يصاب العامل بمرض؛ فلا يستطيع مواصلة العمل، أو أن يكون العامل وقت العقد صبياً مميِّزا ثم يصبح بالغاً، أو أن صاحب العمل يخلّ بشرط من شروط عقد العمل.

5) **حرمة استغلال العامل**: إن استغلال العمّال ومنعهم أجرهم يعد ظلماً، ومن أشد المحرمات ومن مصاديق أكل المال بالباطل، فقد قال النبي (صلى الله عليه وآله وسلم): {ثلاثة أنا خصمهم يوم القيامة ..

6 سورة المائدة آية 1

منهم، رجل استأجر أجيراً فلم يوفه أجره}[7].

6) **تحديد الأجور**: أهم ما شرع الإسلام للعامل من حقوق هو تحديد أجر عمله، فلا يجوز تجاهلها لما فيه من الغرر والغبن، وقد ورد عن الإمام الصادق {من كان يؤمن بالله واليوم الآخر فلا يستعملن أجيراً حتى يعلمه ما أجره}[8].

7) **دفع الأجر**: قد أوجب الإسلام على صاحب العمل أن يدفع للعامل أجره بعد الإنتهاء من عمله. وكما أوصى الإسلام ، بأن يعجل صاحب العمل بدفع أجر العامل؛ كما جاء في الحديث {أعطوا الأجير أجره قبل أن يجف عرقه}[9].

8) **حق الراحة**: لقد أقر الإسلام حق الراحة للعامل، فكما ورد في الحديث {إن لنفسك عليك حقاً، وان لجسدك عليك حقاً، وإن لزوجك عليك حقاً، وان لعينك عليك حقاً}[10].

---

7 رواه ابن ماجة والبيهقي

8 الكافي ج 5 ص289

9 سنن ابن ماجه ج 7 ص 294

10 رواه البخاري وغيره

3-4 واجبات صاحب العمل محليّاً

يشرع قانون مملكة البحرين واجبات صاحب العمل ومنها ما يلي:

مادة 90: على كل صاحب عمل أو من ينوب عنه أن يحيط العامل قبل استخدامه علماً بمخاطر مهنته، ووسائل الوقاية الواجب عليه اتخاذها، وعليه كذلك أن يتخذ الإحتياطات اللازمة لحماية العمال أثناء العمل من الأضرار الصحية وأخطار العمل والآلات، وأن يوفر لهم خدمات وقايتهم من مخاطر العمل وأضراره، وكذلك وسائل الإنقاذ والإطفاء. ولا يجوز لصاحب العمل أن يحمّل العمّال أو يقتطع من أجورهم أي مبلغ لقاء توفير هذه الحماية.

مادة 113: لا يجوز لصاحب العمل فصل العامل بدون مكافأة أو إخطار أو تعويض إلا في الحالات الآتية:

1) إذا انتحل العامل شخصية غير صحيحة أو قدم شهادة أو توصيات مزورة.
2) إذا ارتكب العامل خطأً نشأت عنه خسارة مادية جسيمة لصاحب العمل، بشرط أن يبلغ صاحب العمل الجهات المختصة بالحادث خلال 24 ساعة من وقت علمه بوقوعه.
3) إذا لم يراع التعليمات اللازم اتباعها لسلامة العمّال والمنشأة

رغم إنذاره كتابةً، بشرط أن تكون التعليمات مكتوبة ومعلقة في مكان ظاهر.

4) إذا تغيب عن العمل بدون سبب مشروع أكثر من عشرين يوما متقطعة خلال السنة الواحدة، أو أكثر من عشرة أيام متوالية، على أن يسبق الفصل إنذار كتابي من صاحب العمل بعد غيابه عشرة أيام في الحالة الأولى، وانقطاعه خمسة أيام في الحالة الثانية.

5) إذا لم يقم العامل بتأدية التزاماته الجوهرية المترتبة على عقد العمل.

6) إذا أفشى العامل الأسرار الخاصة بالمنشأة التي يعمل فيها.

7) إذا حكم على العامل نهائيا في جناية أو في جنحة ماسة بالشرف أو الأمانة أو الآداب العامة.

8) إذا وجد أثناء ساعات العمل في حالة سكر بيّن، أو متأثراً بما تعاطاه من مادة مخدرة، أو ارتكب عملاً مخلّاً بالآداب في مكان العمل.

9) إذا وقع من العامل إعتداء على صاحب العمل أو المدير المسئول، وكذلك إذا وقع منه إعتداء جسيم على أحد رؤساء العمل أثناء العمل أو بسببه.

مادة 114: لا يجوز لصاحب العمل أن يستعمل حقه في إنهاء

العقد، أو أن يفصل العامل أثناء المدة التي يكون فيها العامل غائباً في الإجازة السنوية أو الإجازات الأخرى.

4-4 واجبات العامل محليّاً

يشرع قانون مملكة البحرين واجبات العامل ومنها ما يلي:

مادة 48: يجب على العامل:

1) أن يؤدي العمل بنفسه وأن يبذل في تأديته من العناية ما يبذله الشخص المعتاد.
2) أن يأتمر بأوامر صاحب العمل الخاصة، بتنفيذ العمل المتفق عليه أو العمل الذي يدخل في وظيفة العامل، إذا لم يكن في هذه الأوامر ما يخالف العقد أو القانون أو الآداب، ولم يكن في إطاعتها ما يعرضه للخطر وذلك مع مراعاة أحكام المادة (45) من هذا القانون.
3) أن يحرص على وسائل الإنتاج الموضوعة تحت تصرفه، وأن يقوم بجميع الإجراءات الضرورية لحفظها وصيانتها.
4) أن يحتفظ بأسرار العمل الصناعية والتجارية والزراعية حتى بعد انتهاء العقد.
5) أن يعيد عند انتهاء العقد ما يكون تحت تصرفه من أدوات أو مواد غير مستهلكة.

مادة 91: على العامل ألا يرتكب أي فعل أو تقصير يقصد به منع تنفيذ التعليمات، أو إساءة استعمال أو إلحاق ضرر بالوسائل الموضوعة لحماية صحة وسلامة العمّال المشتغلين معه. وعليه أن يستعمل وسائل الوقاية، ويتعهد ما بحوزته منها بعناية، وأن ينفذ التعليمات الموضوعة للمحافظة على صحته ووقايته من الإصابات.

5-4 أنماط العاملين في بيئة العمل

في أي مؤسسة عمل يوجد أنماط شخصية مختلفة ومتعددة للعاملين فيها. فيتطلب من صاحب العمل أو من ينوب عنه الوعي بتلك الأنماط والتعامل معها بشكل إيجابي ومؤثر وفعّال؛ لكي تسير المسيرة العملية بأفضل ما يمكن ويتمكن العامل القيام بعمله بالشكل المطلوب والمرجو منه. ومن ثَمَّ الحصول على أفضل إنتاجية ممكنة. ويمكن توضيح أغلب هذه الأنماط الشخصية بالشكل الآتي المبسط:

1. **العامل المثابر**: هذا النمط من العُمَّال يمتازون بالالتزام بدوام العمل، وبالأنظمة والقوانين والتعليمات، وتأدية المهمات المناطة لهم على أكمل وجه، علاوة على ذلك، يسعون إلى تطوير مهاراتهم العملية ومؤهلاتهم العلمية. فيحبذ من صاحب العمل أو من ينوب عنه أن يكرم هذا النمط من

العُمَّال وتشجيعهم وإعطاءهم الوقت الكافي للالتحاق بالدورات العلمية والورش العملية.

2. **العامل المستجد:** هذا النمط من العُمَّال يمتازون بالخبرة البسيطة في شؤون العمل، وقلة معرفتهم بكيفية أداء الأعمال. فعلى صاحب العمل أو من ينوب عنه أن يقدم الفرص المناسبة لهذا العامل، وأن يأخذ بيده، ويكون إلى جانبه ويوجهه إلى المسار الصحيح؛ وذلك لكي يكتسب المهارات الجيدة والخبرات الجديدة في مجال عمله ويطور من نفسه. ومن الأساليب الجيدة الممكن اتباعها لتطوير العامل المستجد: وضع خطة وبرنامج يقوم فيها العامل المستجد بزيارة زملائه الأكثر خبرة منه والأقدم في المؤسسة، متابعة العامل في عمله، وتوجيه مساره، وتحذيره من الأخطاء، والثناء والشكر له عندما يكون إنتاجه صحيح، وتشجيعه بتقديم الدورات التدريبية له والالتحاق بها وذلك لتطوير نفسه ورفع الكفاءات المهنية لديه.

3. **العامل المتذمر:** هذا النمط من العُمَّال يمتازون بالشكوى والتذمر من أعباء العمل، وعدم القبول بأوضاع العمل. لمعالجة هذا النمط من العُمَّال، على صاحب العمل أو من

ينوب عنه أن يرجع لملف هذا العامل؛ لكي يتعرف على مؤهلاته العلمية، وتجاربه العملية، وتنقلاته بين مختلف الوظائف والأعمال التي أنيطت به سابقاً، ومن ثم يتم تكليفه بأعمال تناسب مؤهلاته العلمية ومهاراته وقدراته، لامتصاص شكواه وتذمره، كما ينصح الاستمرار في توجيه مساره العملي وتلافي جوانب القصور لديه للتقليل من تذمره وشكواه.

4. **العامل الفوضوي:** هذا النمط من العُمَّال يمتازون بفقدان السيطرة على تنظيم الأعمال المناطة بهم والمطلوبة منهم، فمثلا لا يملكون القدرة على الالتزام بخطة العمل وتسلسل إجراءاته. فإذا أراد صاحب العمل أو من ينوب عنه التغلب على هذه الأمور؛ فعليه أن يحدد جلسات متعددة معهم ويتم فيها توضيح أهمية التسلسل والتنظيم، والتخطيط السليم، والإعداد المسبق للعمل المنوط بهم. علاوة على ذلك، يُحبذ أن تُقدم لهم الدورات التدريبية وورش العمل المناسبة والمفيدة في التنظيم الإداري والتخطيط العملي.

5. **العامل الكسول أو الخامل:** هذا النمط من العُمَّال يمتازون بمقاومة الأعمال المناطة بهم والموكلة إليهم، ويحاولون بشتى

الطرق المساومة على الحد الأدنى من العمل والمماطلة في أداءه. فلكي يتم تغيير أسلوب هذا النمط، على صاحب العمل أو من ينوب عنه أن يكلفهم في البداية بالأعمال البسيطة وتشجيعهم على أدائها وإنجازها، ومن بعد ذلك التسلسل في زيادة مستوى المهمات والأعمال المناطه بهم بحيث تتماشى مع مهاراتهم وقدراتهم وإمكانياته العلمية والعملية.

6. **العامل الثرثار**: هذا النمط من العُمَّال يمتازون بكثرة الكلام غير المفيد وغير المجدي، وإثارة النقّاش غير الفعّال في العمل. والتدخل كذلك في الأمور التي لا تعنيهم في العمل وليست لهم صلة بها. ولعلاج هذه الظاهرة على صاحب العمل أو من ينوب عنه أن يضع حداً لهذا الموظف؛ وذلك بإعطائه الفرصة في الحديث بحيث يكون آخر المتحدثين أثناء الجلسات، علاوة على ذلك، يمكن تكليفه بالأعمال ذات النمط العملي أكثر منها المكتبي أو الفكري.

7. **العامل المشاكس أو المشاغب**: هذا النمط من العُمَّال يميلون إلى كثرة الشغب و إثارة البلبلة أثناء العمل والتدخل في الأمور العصيبة بين الزملاء و يحاولون إثارة الأمور

وتفخيمها بدلاً عن التخفيف من حدّتها. فعلى صاحب العمل أو من ينوب عنه أن يتفهم طبيعة هذا النمط؛ وذلك بتوضيح مقتضيات العمل والسلوك الأخلاقي وما يمكن أن يترتب على سلوكهم وتصرفاتهم من تبعات غير إيجابية، كما يمكن فتح باب المشاركه لهم في مبادرات التحسين من العلاقات بين العُمَّال في المؤسسة مع مجموعة من زملائهم.

8. **العامل غير الملتزم:** هذا النمط من العُمَّال يمتازون بعدم التزامهم بدوام العمل، إذ أنهم قد يحضرون للعمل في وقت متأخر وبشكل متكرر، علاوة على ذلك، أنهم قد لا يلتزمون بإنجاز المهمات الموكولة إليهم، وأنهم يعتذرون كثيراً ولا يحترمون الأنظمة والتعليمات. ولمعالجة هذا السلوك غير الإيجابي على صاحب العمل أو من ينوب عنه أن يبحث عن الأسباب التي تؤدي إليه والتصرفات الناتجة والعمل على علاجها وتقديم الإرشاد والنصيحة لهم مع إعطائهم الاهتمام اللازم.

الباب الخامس
الأخلاقيات الإنسانيّة وتعريفها

إن للأخلاق أهميَّة بالغة في حياة الإنسان؛ وذلك لأثرها الكبير في سلوكه وأفعاله. إن سلوك الإنسان وتصرفاته تتوافق مع ما هو مستقرّ في نفسه من صفات، أي أن الصفات المستقرة في القلب يظهر أثرُها على الجوارح. إنَّ صلاح أفعال الإنسان مرتبط بصلاح أخلاقه؛ فإذا صلح الباطن من الصفات المستقرة في القلب صلحت الأفعال من قبل الجوارح، وإذا فسد الباطن فسدت الأفعال. يقول الله تعالى: ﴿وَالْبَلَدُ الطَّيِّبُ يَخْرُجُ نَبَاتُهُ بِإِذْنِ رَبِّهِ وَالَّذِي خَبُثَ لَا يَخْرُجُ إِلَّا نَكِدًا﴾[1]. فعن طريق الأخلاق تسمو الأمم،كما قال أمير الشعراء أحمد شوقي في البيت المشهور:

إنما الأمم الأخلاق ما بقيت

فإن هم ذهبت أخلاقهم ذهبوا[2]

وفضلا على ذلك، فإن للأخلاق دوراً مهماً في حياة كل الشعوب على اختلاف أجناسها وأماكن وجودها وأديانها والفلسفات التي

1 سورة الأعراف آية 58

2 الفوائد لبحر العلوم ج1 ص36

تتبناها. وإن جميع الأديان السماوية دعت إلى الأخلاق الحسنة واتباع الفضيلة، واجتناب الأخلاق السيئة وترك الرذيلة. وآخر الأديان السماوية هو الدين الاسلامي عن طريق القرآن الكريم وعلى لسان النبي المصطفى محمد (صلى الله عليه وآله وسلم)، حيث يقول رسول الله (صلى الله عليه وآله وسلم): {إنما بعثت لأتمم مكارم الأخلاق}[3]. وعلاوة على ذلك، أنّه (صلى الله عليه وآله وسلم) يتصف ويتحلى بهذه الأخلاق العظيمة، فيصفه الله تعالى ويقول: ﴿وَإِنَّكَ لَعَلَى خُلُقٍ عَظِيمٍ﴾[4] وفي حديث لأم المؤمنين عائشة تصفه فتقول {كان خلقه القرآن}[5].

فالغاية من بعثة النبي محمد (صلى الله عليه وآله وسلم) هو أن يتمم مكارم الأخلاق في نفوس أمته والبشرية جمعاء. فعندما تتعامل البشرية بقانون الخُلق الحسن وتتحلي بالأخلاق الفاضلة، وتبتعد عن أفعال الشر والخُلق السيء، فإنها تحقق الكثير من الأهداف السامية والرفيعة، على سبيل المثال لا الحصر، سعادة النفس وإرضاء الضمير، واشاعة الأُلفة والمحبة بين أفراد المجتمع، عندها تعم الفائدة على الفرد خاصة وعلى المجتمع بصفة عامة. وأيضا بالأخلاق الحسنة يسعد المرء في دنياه وآخرته فيقول (صلى الله عليه وآله وسلم) {أكمل

---

3 تفسير مجمع البيان ج10 ص86

4سورة القلم آية 4

5 صحيح مسلم

المؤمنين إيمانًا أحسَنُهم أخلاقًا}[6].

نتطرق في هذا الباب إلى معنى الأخلاق لغةً واصطلاحاً وفي نظر الإسلام ، وإلى أهم الأخلاق الفاضلة التي ينبغي أن تتوفر في أي مجال من مجالات العمل، وأيضاً نعرّف هذه الأخلاق في اللغة والاصطلاح. وأما في الباب الذي يليه، فقد عرضنا أخلاقيات العمل التي ينبغي على العامل وصاحب العمل التحلي بها، من أجل النهوض بالفرد والمجتمع إلى حياة فاضلة، رفيعة الشأن، مستقيمة، يسودها الإخاء والعدل والإحسان والأُلفة والمحبة. وأخلاقيات العمل تتجلى في مفهوم الأخلاقيات وتطبيقها، على سبيل المثال لا الحصر، الإخلاص، والصدق، والعدل، والإتقان، والوفاء والأمانة.

1-5 معنى الأخلاق

هنا سنوضّح معنى الأخلاق لغةً كما ورد قي معاجم اللغة العربية على سبيل المثال، معجم الوسيط، معجم اللغة العربية المعاصر، قاموس المحيط ولسان العرب، والقواميس الإنجليزية مثل قاموس اكسفورد. ثم سنتطرق إلى معنى الأخلاق اصطلاحاً، وكما عرفه

---

6 رواه الإمام أحمد

العلماء الخليقيون، والفلاسفة القدماء، والغرب. ومن ثم سنعرضّ معنى الأخلاق في نظر الإسلام ومن وجهة الباحثين الإسلاميين وأرآء المفكرين المعاصرين.

معنى الأخلاق لغةً في معجم الوسيط

الخُلُق: حالّ للنفْس رَاسِخَةٌ تصدر عنها الأفعالُ من خيرٍ أو شرٍّ من غير حاجةٍ إلى فكرٍ ورويَّةٍ. والجمع: أَخلاق.

ومعنى الأخلاق لغةً في معجم اللغة العربية المعاصر

أخلاق: مفرد خُلُق: مجموعة صفات نفسية وأعمال الإنسان التي توصف بالحُسْن أو القُبْح "سمو/ كرم الأخلاق، - فلان دمِث الأخلاق، - الحلْمُ سيد الأخلاق، - إِنَّمَا بُعِثْتُ لأُتَمِّمَ مَكَارِمَ الأَخْلاَقِ [حديث]". أخلاق اجتماعيّة: عادات أو قيم اجتماعية تختلف باختلاف الظروف، - تدنّي الأخلاق: انحطاطها، - جريمة أخلاقيّة: جريمة تَمَسّ العرض والشرف، كُلُّ جُرْم أو ذنب يقترفه الموظف في أثناء القيام بأعمال وظيفته، - دماثة الأخلاق: سهولة الطبع ولينه، - شرطة الأخلاق: شرطة الآداب، - مكارم الأخلاق: الأخلاق الحميدة.

ومعنى الأخلاق لغةً في قاموس المحيط ولسان العرب

الأخلاق جمع خلق، والخُلُق - بضمِّ اللام وسكونها - هو الدِّين والطبع والسجية والمروءة، وحقيقته أن صورة الإنسان الباطنة وهي نفسه وأوصافها ومعانيها المختصة بها بمنزلة الخَلْق لصورته الظاهرة وأوصافها ومعانيها.

ومعنى الأخلاق في مفردات ألفاظ القرآن الكريم

وقال الرَّاغب: (والخَلْقُ والخُلْقُ في الأصل واحد... لكن خص الخَلْق بالهيئات والأشكال والصور المدركة بالبصر، وخص الخُلْق بالقوى والسجايا المدركة بالبصيرة).

ومعنى الأخلاق في القاموس الإنجليزي اكسفورد

[عادةً يُتعامل معها بالجمع] وهي المبادئ الأخلاقية التي تحكم سلوك الشخص أو إجراء أي نشاط. [عادةً يُتعامل معها بالمفرد] وهي فرع المعرفة الذي يتعامل مع المبادئ الأخلاقية.

ومعنى الأخلاق اصطلاحاً

عرَّف الجرجاني الخُلق بأنَّه: (عبارة عن هيئة للنفس راسخة تصدر عنها الأفعال بسهولة ويسر من غير حاجة إلى فكر ورويَّة، فإن كان الصادر عنها الأفعال الحسنة كانت المؤسسة خُلقًا حسنًا، وإن كان

الصادر منها الأفعال القبيحة سميت المؤسسة التي هي مصدر ذلك خُلقًا سيئًا)[7].

وعرفه ابن مسكويه بقوله: (الخُلق: حال للنفس، داعية لها إلى أفعالها من غير فكر ولا رويَّة، وهذه الحال تنقسم إلى قسمين: منها ما يكون طبيعيًّاً من أصل المزاج، كالإنسان الذي يحركه أدنى شيء نحو غضب، ويتهيج لأقل سبب، وكالإنسان الذي يجبن من أيسر شيء، أو كالذي يفزع من أدنى صوت يطرق سمعه، أو يرتا ع من خبر يسمعه، وكالذي يضحك ضحكًا مفرطًا من أدنى شيء يعجبه، وكالذي يغتمُّ ويحزن من أيسر شيء يناله. ومنها ما يكون مستفادًا بالعادة والتدرب، وربما كان مبدؤه بالرويَّة والفكر، ثم يستمر أولًا فأولًا، حتى يصير ملكةً وخُلقاً)[8].

والخلقيون يعرفون الخُلُق "أنها ملكة من ملكات النفس. والعلماء الخلقيون يبحثون –في الدرجة الأولى– عن هذه الملكات النفسانية، من حيث انها تتصف بالاعتدال والانحراف، وتقبل التحوير والتهذيب، أما الأعمال التي يصدرها الإنسان باختياره، والتي يحكم

7 التعريفات

8 تهذيب الأخلاق

عليها العقلاء بالخير أو الشر، فيسميها الخلقيون سلوكاً، ويبحثون عنها بحثاً ثانونياً، من حيث انها مظهر خارجي للخُلق الكامن"[9].

والفلاسفة القدماء يقولون "(يولد الإنسان صحيفة بيضاء يرسم فيها المربي ما يشاء)، ان نفس الطفل تخلو من الملكات الخُلقيّة، وإن نفسه مرنة الغرائز، سريعة التأثر والانطباع بإشارات المربي وإرشاداته، لأن غرائز الطفل لاتزال —بعد- في جدّتها، لم تسيّره إلى وجهة خاصة، ولم تكسبه خُلقاً معيّناً، فهي قابلة للتوجيه، ومستعدة للتهذيب"[10].

وعرّف بعض الغربين الأخلاق كأمثال جكسون، وهو أحد فلاسفة الغرب، إذ يقول: (علمُ الأخلاق عبارةٌ عن التّحقيق في سلوك الإنسان على الصورة التي ينبغي أن يكون عليها)[11]. ولبعض الغربيين مثل فولكيه، رأي آخر، حيث عرّفوا علم الأخلاق بأنّه: (مجموعة قوانين السّلوك التي يستطيع الإنسان بواسطتها أن يصل إلى هدفه)[12].

9 الأخلاق عند الامام الصادق

10 الأخلاق عند الامام الصادق

11 فلسفة الأخلاق، ص 9

12 الأخلاق النظريّة، ص 10

وقد عرف بعض الباحثين الأخلاق في نظر الإسلام بأنها عبارة عن (مجموعة المبادئ والقواعد المنظمة للسلوك الإنساني، التي يحددها الوحي، لتنظيم حياة الإنسان، وتحديد علاقته بغيره على نحو يحقق الغاية من وجوده في هذا العالم على أكمل وجه)[13]. والفيض الكاشاني يقول: "إعلم أنّ الخُلق هو عبارة عن هيئة قائمة في النفس، تصدر منها الأفعال بسهولة من دون الحاجة إلى تدبّر وتفكّر"[14].

وعبدالرحمن الميداني يقول: "صفة مستقرة في النفس فطرية أو مكتسبة ذات آثار في السلوك محمودة أو مذمومة .. ويقاس مستوى الخلق بقياس آثاره في السلوك فالخلق الحميد آثاره حميدة والذميم آثاره ذميمة"[15]. ويقول الفيروز آبادي : "الدين كله خُلق فمن زاد عليك في الخُلق زاد عليك في الدين. وهو يقوم على أربعة أركان: الصبر والعفة والشجاعة والعدل. وكل الخصال الحسنة والأخلاق الحميدة تتفرع عن هذه الأركان الأربعة فالصبر مثلا: يحمل على الاحتمال وكظم الغيظ وإماطة الأذى والأناة والرفق وعدم الطيش

13 التربية الأخلاقية الإسلامية

14 الحقائق، ص 54

15 الأخلاق الإسلامية وأسسها : عبدالرحمن الميداني ص 1 ص 8.7

والعجلة"[16].

وتعريف آخر للأخلاق يقول: "هي مجموعة الأقوال والأفعال التي يجب أن تقوم على أصول وقواعد وفضائل وآداب مرتبطة ارتباطاً وثيقاً بالعقيدة والشريعة الاسلامية من خلال القرآن الكريم وسنة الرسول الأكرم (صلى الله عليه وآله وسلم) وأهل البيت (عليهم السلام) والصحابة الكرام (رضي الله عنهم). فالأخلاق في الإسلام ليست جزءاً من الدين بل هي جوهره وروحه"[17].

ومن آراء المفكرين المعاصرين على سبيل المثال كما يلي:

الدكتور مالك اليماني[18]: "لا يمكن أن تقوم حياة الإنسان من غير وجود معايير أخلاقية تخلق التوازن اللازم في كل مرافق حياته. وما الأزمات الإنسانية من أخلاقية واقتصادية وتعليمية وأسرية واجتماعية وغيرها إلا نتيجة لانعدام هذه الضوابط والمعايير الأخلاقية. وكما وصلنا إلى هذه الأزمات بعد تغييب هذه المعايير فلن نحل أزماتنا

16 بصائر ذوي التمييز 568/2

17 الأخلاق والآداب الإسلامية

18 الدكتور مالك اليماني – دكتوراه في علم النفس المعمق - معهد الدراسات التكميلية (كاليفورنيا، الولايات المتحدة الأمريكية)

ومشاكلنا على صعيد الحياة كلها إلا بالعودة إلى أصل الداء أي بتفعيل هذه المعايير في حياتنا مرة أخرى و على كل المستويات".

الدكتور طارق السويدان[19]: "الأخلاق عندي ليست مواعظ تتلى، ولا قوانين تسن، ولا آداباً يتربى عليها النشء، بل هي مبادئ وقيم تُبني على فلسفات أساسية عميقة، تتحرك نحوها الفطرة السليمة، ويقتنع بها العقل المنطقي، لتحقق إنسانية الإنسان، وترتفع به عن البهيمية، وتسمو به إلى مايسعده في الدنيا والآخرة".

الاستشاري أسامه وجيه العدل[20]: "خلق الله الإنسان بمبادئ إذا عمل بها استقامت حياته كما يستقيم الكون، فالصدق مبدأ والأمانة مبدأ والإخلاص والولاء مبدأ والكرم مبدأ وإتقان العمل مبدأ والمساعدة مبدأ والخلق الحسن والابتسام مبدأ، فكلما ابتعد الإنسان عن هذه المبادئ ظهرت مشكلات أخلاقية، ظهرت الرشوة والجشع والطمع والغيبة والنميمة والخيانة والحقد والحسد".

---

19 الدكتور طارق السويدان، مفكر عربي، دكتوراه في هندسة البترول من جامعة تلسا- أوكلاهوما- الولايات المتحدة مع مرتبة الشرف 1990

20 الاستشاري أسامه وجيه العدل - استشاري إدارة أعمال وصاحب ومدير أكاديمية المستقبل للتدريب

المستشار القانوني المحامي عدنان الصالح[21]: "لا نستطيع أن نبني مستقبلاً مشرقاً من غير الأخلاق والقيم، والأخلاق المهنية هي روح إتقان العمل المهني والحديث عن جودة العمل المهني لا ينفك عن الأخلاق ومعاييرها، فالإنسانية بحاجة إلى الحفاظ على أخلاقها في العمل أكثر من حاجتها إلى العمل ذاته".

2-5 الإخلاص

معنى الإخلاص لغةً

1- مصدر أخلص. 2- ترك الغش والرياء. 3- وفاء في الصداقة أو العمل أو نحوهما 4- الزبد إذا خلص من الثفل. 5- « الإخلاص » سورة من سور القرآن الكريم. 6-«كلمة الإخلاص»: القول « لا إله إلا الله »[22].

[خ ل ص]. (مصدر أَخْلَصَ). "اِشْتَغَلَ بِإِخلاَصٍ": بِصِدْقٍ، بِتَفانٍ. "أشَادَ بِإِخْلاصِهِ" "مِنْ أَوْجَبِ الوَاجِبَاتِ الإِخْلاصُ لِلْوَطَنِ وَالتَّفَانِي فِي حُبِّهِ". "الإِخْلاصُ في العَمَلِ"[23].

---

21 المستشار القانوني المحامي عدنان الصالح نائب رئيس لجنة المحامين لغرفة التجارة والصناعة - الإحساء - السعودية

22 الرائد

23 الغني

معنى الإخلاص اصطلاحاً

الإخلاص هو أن يقصد بالفعل التقرب إلى الله عز وجل وامتثال أمره، من دون أن يشتمل على ما ينافي التقرب من الغايات غير الحسنة كالرياء والعُجب ونحوها[24]. قال الرّاغب: (الخالص كالصافي، إلا أن الخالص هو ما زال عنه شوبه بعد أن كان فيه، والصافي قد يقال لما لا شوب فيه، ويقال خلصته فخلص...وقوله: ونحن له مخلصون. إنه من عبادنا المخلصين، فإخلاص المسلمين أنهم قد تبرؤوا مما يدعيه اليهود من التشبيه والنصارى من التثليث، قال تعالى: مخلصين له الدين، وقال: لقد كفر الذين قالوا إن الله ثالث ثلاثة، وقال: إنه كان مخلصاً وكان رسولاً نبياً. فحقيقة الإخلاص: التبري عن كل ما دون الله تعالى)[25].

3-5 الأمَانَة

معنى الأمَانَة لغةً

الأمانة ضد الخيانة، وأصل الأَمْن: طمأنينة النفس وزوال الخوف، والأمانة مصدر أمن، أمانة فهو أمين، ثم استعمل المصدر في الأعيان مجازًا، فقيل الوديعة أمانة ونحوه، والجمع أمانات، فالأمانة اسم لما

24 مصطلحات فقهية

25 مفردات ألفاظ القرآن الكريم

يُؤَمَّن عليه الإنسان، نحو قوله تعالى: وَتَخُونُواْ أَمَانَاتِكُمْ[26]، أي: ما ائتمنتم عليه[27].

معنى الأمَانَة اصطلاحاً

الأمانة: هي كلُّ حقٍّ لزمك أداؤه وحفظه[28].

وقال الكفوي: (كلُّ ما افترض على العباد فهو أمانة، كصلاة وزكاة وصيام وأداء دين، وأوكدها الودائع، وأوكد الودائع كتم الأسرار)[29].

4-5 الـصدق

معنى الصدق لغةً

الصدق ضدُّ الكذب، صَدَقَ يَصْدُقُ صَدْقًا وصِدْقًا وتَصْداقًا، وصَدَّقه: قَبِل قولَه، وصدَقَه الحديث: أَنبأَه بالصِّدْق، ويقال: صَدَقْتُ القوم. أي: قلت لهم صِدْقًا وتصادقا في الحديث وفي المودة[30].

---

26 سورة الأنفال آية 27

27 لسان العرب، مفردات ألفاظ القرآن الكريم، المصباح المنير

28 فيض القدير

29 الكليات

30 لسان العرب، مختار الصحاح

معنى الصدق اصطلاحاً

الصدق: (هو الخبر عن الشيء على ما هو به، وهو نقيض الكذب)[31]. وقال الباجي: (الصدق الوصف للمخبَر عنه على ما هو به)[32]. وقال الراغب الأصفهاني: (الصدق مطابقة القول الضمير والمخبَر عنه معًا، ومتى انخرم شرط من ذلك لم يكن صدقًا تامًّا)[33].

5-5 العدل

معنى العدل لغةً

العدل خلاف الجور، وهو القصد في الأمور، وما قام في النفوس أنه مستقيم، مِن عَدَلَ يَعْدِلُ فهو عادل من عُدولٍ وعَدْلٍ، يقال: عَدَلَ عليه في القضية فهو عادِلٌ. وبسط الوالي عَدْلَهُ[34].

معنى العدل اصطلاحاً

العدل هو:(أن تعطي من نفسك الواجب وتأخذه)[35]. وقيل هو:

31 الواضح في أصول الفقه

32 إحكام الفصول

33 الذريعة إلى مكارم الشريعة

34 الصحاح في اللغة، لسان العرب، القاموس المحيط، المصباح المنير

35 الأخلاق والسير

(عبارة عن الإستقامة على طريق الحق بالإجتناب عما هو محظور دينًا)[36].

6-5 الـصبـر

معنى الصبر لغةً

الصَّبْرُ نقيض الجَزَع، صَبَرَ فهو صابِرٌ وصَبَّار وصَبِيرٌ وصَبُور والأُنثى صَبُور أَيضًا بغير هاء وجمعه صُبُرٌ. وأَصل الصَّبْر الحَبْس وكل من حَبَس شيئًا فقد صَبَرَه، والصبر: حبس النفس عن الجزع[37].

معنى الصبر اصطلاحاً

قيل هو: ترك الشكوى من ألم البلوى لغير الله، لا إلى الله[38]. وقيل الصبر: حبس النفس على ما يقتضيه العقل والشرع، أو عما يقتضيان حبسها عنه[39].

---

36 التعريفات

37 لسان العرب، الصحاح في اللغة

38 التعريفات

39 مفردات ألفاظ القرآن الكريم

7-5 الإحسان

معنى الإحْسَان لغةً

الإحْسَان ضِدُّ الإساءة. مصدر أحسن أي جاء بفعل حسن[40].

معنى الإحْسَان اصطلاحاً

(الإحْسَان نوعان: إحسان في عبادة الخالق: بأن يعبد الله كأنَّه يراه فإن لم يكن يراه فإنَّ الله يراه. وهو الجِدُّ في القيام بحقوق الله على وجه النُّصح، والتَّكميل لها. وإحسانٌ في حقوق الخَلْق: هو بذل جميع المنافع مِن أي نوعٍ كان، لأي مخلوق يكون، ولكنَّه يتفاوت بتفاوت المحْسَن إليهم، وحقِّهم ومقامهم، وبحسب الإحْسَان، وعظم موقعه، وعظيم نفعه، وبحسب إيمان المحْسِن وإخلاصه، والسَّبب الدَّاعي له إلى ذلك)[41]. وقال الرّاغب: (الإحسان على وجهين: أحدهما: الإنعام على الغير، والثاني: إحسان في فعله، وذلك إذا علم علمًا حسنًا أو عمل عملًا حسنًا)[42].

40 الفروق اللغوية

41 بهجة قلوب الأبرار

42 مفردات ألفاظ القرآن الكريم

8-5 الــتّو اضع

معنى التَّواضُع لغةً

التواضع التذلل، يُقَال: وضَعَ فُلانٌ نَفْسَهُ وضْعًا، ووُضُوعًا بالضَّم، وَضَعَةً، بالفَتْحِ: أي أذلَّها. وتَوَاضَعَ الرَّجُلُ: إذا تَذَلَّلَ، وقيل: ذَلَّ وتَخاشَعَ[43].

معنى التَّواضُع اصطلاحاً

وقيل هو: رضا الإنسان بمنزلة دون ما يستحقُّه فضله ومنزلته. وهو وسطٌ بين الكِبْر والضِّعَة، فالضِّعَة: وضع الإنسان نفسه مكانًا يزري به بتضييع حقِّه. والكِبْر: رفع نفسه فوق قدره)[44]. وقيل هو: إظهار التَّنزُّل عن المرتبة لمن يراد تعظيمه، وقيل: هو تعظيم مَن فوقه فضله[45].

9-5 الـمدَا ر ا ة

معنى المدَاراة لغةً

المداراة مصدر دارى، يقال: داريته مداراة: لاطفته ولاينته، ومداراة

43 العين، تاج العروس

44 الذَّريعة إلى مكارم الشَّريعة

45 فتح الباري

الناس: أي ملاينتهم وحسن صحبتهم واحتمالهم؛ لئلا ينفروا عنك[46].

معنى المدَارات اصطلاحاً

عن ابن بطال هي "خفض الجناح للناس، ولين الكلام وترك الإغلاظ لهم في القول"[47]. وقال ابن حجر: (المراد به الدفع برفق)[48]. وقال المناوي: (المدَاراة: الملاينة والملاطفة)[49].

10-5 الـوفـا ء

معنى الوفاء لغةً

الوفاءُ ضد الغَدْر، يقال: وَفَى بعهده وأَوْفَى. بمعنى، ووفى بعهده يفي وفاءً، وأوفى: إذا تمم العهد ولم ينقض حفظه[50].

---

46 لسان العرب، المصباح المنير

47 شرح صحيح البخاري

48 فتح الباري

49 التوقيف على مهمات التعاريف

50 مفردات ألفاظ القرآن الكريم، لسان العرب

معنى الوفاء اصطلاحاً

الوفاء هو: (ملازمة طريق المواساة، ومحافظة عهود الخلطاء)[51].

5-11 الإتقان

معنى الإتقان لغةً

[و ق ن]. (مصدر أَتْقَنَ). صَانِعٌ يُنْجِزُ أعْمَالَهُ بِإِتْقَانٍ: بِإِحْكَامٍ، بِضَبْطٍ[52]. إتقان العمل: أداؤه على أكمل وجه[53]. أتقنَ العملَ أحكمه، أجاده، ضبطه–أتقن عددًا من اللّغات– {صُنْعَ اللهِ الَّذِي أَتْقَنَ كُلَّ شَيْءٍ}[54].

معنى الإتقان اصطلاحاً

الإتقان عمل يتعلق بالمهارات التي يكتسبها الإنسان من مفاهيم تؤثر على الإنتاج في المستقبل بمعايير أداء عالية للغاية. معرفة الأدلة بعللها وضبط القواعد الكلية بجزئياتها ، وقيل معرفة الشيء بيقين[55].

---

51 التعريفات، التوقيف على مهمات التعاريف

52 الغني

53 مصطلحات فقهية

54 اللغة العربية المعاصر

55 التعاريف (32/1) المناوي ، التعريفات (23/1) الجرجاني

الباب السادس
أخلاقيات العامل وصاحب العمل

إن الأخلاق السامية تمثّل ركنا أساسيا في حياة الإنسان، وضرورة من ضروريات الحياة الإنسانية ولازمة لرقى الفرد والمجتمع، وبها تقوم الحياة الاجتماعية السليمة. فكما اعتنى الإسلام بالأخلاق عمومًا، فقد اعتنى بأخلاق العمل خصوصاً. وذلك لأن أخلاقيات العمل لها الأهمية البالغة والمؤثرة في العمل، فبأخلاقيات العمل يتم المحافظة على قيم الثقة والاحترام والكفاءة والكرامة وتحقيق المساعدة المتبادلة والعدالة في العلاقات الإنسانية، كما تعمل على ارتقاء العمل وتطوره إلى الأفضل.

وكلمة أخلاقيات تعني: "وثيقة تحدد المعايير الأخلاقية والسلوكية المهنية المطلوب ان يتبعها أفراد جمعية مهنية. وتعرف بأنها بيان المعايير المثالية لمهنة من المهن تتبناه جماعة مهنية أو مؤسسة لتوجيه أعضائها لتحمل مسؤولياتهم المهنية"[1]. ولكل مهنة أخلاقيات وآداب عامة حددتها القوانين واللوائح الخاصة بها، ويقصد بآداب وأخلاقيات المهنة مجموعة من القواعد والأصول المتعارف عليها عند

---

1 Droit et déontologie

أصحاب المهنة الواحدة، بحيث تكون مراعاتها محافظة على المهنة وشرفها. فالكثير من الدراسات والإحصائيات مثل التي قامت بها كل من جامعة هارفرد وستانفورد أثبتت أن نجاح الموظف في عمله يعتمد بنسبة 85% على مهاراته الشخصية ومهارات تعامله مع الآخرين وأن 15% فقط يعتمد على مهاراته في أداء هذا العمل. كما حصلت دراسة على 1500 شركة خاصة مساهمة في سوق المال الأمريكية على نتائج بأن الشركات المهتمة بأخلاقيات العمل والتعامل حققت أرباحاً أكثر ونسبة أقل في تكاليف التشغيل. بالاضافة إلى ذلك وفي استبانة أجرتها مجموعة روبرت هاف انترناشيونال المحدودة، على أكثر من 1400 موظف، أجاب 58% منهم بأن الإستقامة والنزاهة هما أكثر صفتان تعجبهم في المرشَّحين للوظائف. (www.calcpa.org). وعلاوة على هذا فإن اليابانيين يشتهرون بجديتهم الذاتية في أداء العمل، حيث إن العمل هو وجود المواطن الياباني، وهو ما يعرف باليوروكي (YORUKI).

يوجد اختلاف بين المسؤولية القانونية والمسؤولية الأخلاقية. فالمسؤولية القانونية تتحدد بتشريعات ملزمة لشخص أو مؤسسة أو هيئة أو أية جهة. لكن المسؤولية الأخلاقية أوسع واشمل حيث أنها تتعلق بعلاقة الإنسان بخالقه وبنفسه وبغيره، فتكون مسؤولية ذاتية

أمام الله والضمير. فالقانون مقصور على سلوك الإنسان نحو غيره بحسب قانون مجتمعه وبتنفيذ سلطة الأمن. أما المسؤولية الأخلاقية فهي ثابتة ولا تتغير، وتمارسها قوة ذاتية تتعلق بضمير الإنسان الذي هو سلطته الأولى. ومن هنا فإن كلا من المسؤولية الأخلاقية والمسؤولية القانونية متكاملتان ومطلوبتان في أي مهنة مهما كانت، ولا يمكن الفصل بينهما.

1-6 أخلاقيات العامل

لقد بيّن الإسلام الكثير من الأخلاقيات السامية التي يدعو العامل أنْ يتحلى بها ويحرص عليها في أداء عمله. بغضّ النظر عن نوع الوظيفة التي يزاولها أو المنصب الذي يشغله في عمله وذلك لكي يكون ناجحاً وسعيداً في حياته، ويعود أثر هذا النجاح عليه وعلى المجتمع ويرتقي به. فضلاً على ذلك، يعود أثره على الفرد في يوم الآخرة. وسنذكر فيما يلي أبرز هذه الأخلاقيات.

1-1-6 الإخلاص في العمل

كما ذكرنا آنفاً، أن الإسلام يعدّ العمل عبادة، أن الله يُثيب العامل على عمله إن أحسن فيه. كذلك أن من حقوق صاحب العمل على العامل أن ينصح في عمله أي يخلص فيه ويتقنه. فعلى العامل

في مختلف العمل ومجالاته، أن يكون عمله نقي وصافي من شوائب الغش والتدليس والنفاق والرياء، ويجعله خالصاً لوجه الله تعالى، كما قال الله عز وجل: ﴿قُلْ إِنَّ صَلَاتِي وَنُسُكِي وَمَحْيَايَ وَمَمَاتِي لِلَّهِ رَبِّ الْعَالَمِينَ﴾[2]. وأن الإمام الحسن (عليه السلام) قال: {وأن المؤمن الكامل هو من يكون حبه وبغضه، وعطاؤه ومنعه لله تعالى وطلباً لمرضاته}[3]. وعلى هذا الضوء؛ يصبح الإخلاص حجراً أساسياً في كيان العمل. وإذا كان العامل على هذا المنوال فيؤدي عمله على أكمل وجه، ويتفانى في إتقانه ويرضي نفسه ويرتاح ضميره ويرضي صاحب عمله كما ينال رضا الله تعالى. فالإخلاص يمكّن العامل من القيام بالعمل على أكمل وجه وأحسنه، ويكون عوناً له على تحمل الصعاب والمتاعب ويسعى بكل ما أوتي من قوة وطاقة لإنجاز عمل متقن مفيد. كما أن الإخلاص يحفظ العامل من الوقوع في الخطأ والإنحراف عن جادة الطريق لأداء العمل.

من هذا كله نستنتج أنّ الإخلاص بمثابة صمام الأمان ضدّ الفساد بكل صوره وأشكاله. والمخلص في عمله ينشد غايته الصحيحة التي يطلبه كل عاقل، ويرجو بالإخلاص بلوغ الآمال. فعن الإمام علي

2 سورة الأنعام آية ١٦٢

3 بحار الأنوار

(عليه السلام): {غاية الإخلاص الخلاص}[4]. وقال: {في إخلاص النيات نجاح الأمور}[5]. وقال: {من أخلص بلغ الآمال}[6].

فينبغي أن يتصف العامل بصفة الإخلاص؛ إذ أنّه يؤدي عنده الرقابة الذاتيّة في عمله، وهذه الرقابة بسبب إحساس العامل واستشعاره بأن الله سبحانه وتعالى مطلع عليه، ويُراقبه، ويرى كل سلوكياته وتصرّفاته، وكيفية أدائه لعمله. وأن الله سيأتي يوم القيامة بكل أعماله ويسأله عنها ويجازيه عليها. قال الله تعالى: ﴿وَكُلَّ إِنْسَانٍ أَلْزَمْنَاهُ طَائِرَهُ فِي عُنُقِهِ وَنُخْرِجُ لَهُ يَوْمَ الْقِيَامَةِ كِتَابًا يَلْقَاهُ مَنْشُورًا * اقْرَأْ كِتَابَكَ كَفَى بِنَفْسِكَ الْيَوْمَ عَلَيْكَ حَسِيبًا﴾[7]. ويقول: ﴿فَمَنْ يَعْمَلْ مِثْقَالَ ذَرَّةٍ خَيْرًا يَرَهُ * وَمَنْ يَعْمَلْ مِثْقَالَ ذَرَّةٍ شَرًّا يَرَهُ﴾[8].

هنا نذكر قصة قصيرة في الإخلاص في العمل، وكيف يؤثر على العامل بخاصة والمجتمع عامة، لنستلهم منها العبر. وهي: ذهب طفل إلى محل ليستعمل الهاتف، إنتبه صاحب المحل للموقف وبدأ بالاستماع إلى المحادثة التي يجريها الفتى.

---

4 غرر الحكم ص189 ح3915

5 غرر الحكم ص93 ح1620

6 غرر الحكم ص189 ح3917

7 سورة الإسراء آية 13-14

8 سورة الزلزلة آية 7-8

قال سيدتي: أيمكنني العمل لديك في تهذيب عشب حديقتك؟

أجابت السيدة: لدي من يقوم بهذا العمل.

قال الفتى: سأقوم بالعمل بنصف الأجرة التي يأخذها هذا الشخص.

أجابت السيدة: بأنها راضية جداً بعمل ذلك الشخص، ولا تريد إستبداله.

أصبح الفتى أكثر إلحاحا وقال: سأنظف أيضاً ممر المشاة والرصيف أمام منزلك، وستكون حديقتك أجمل حديقة في مدينة "بالم بيتشفلوريدا".

ومرة أخرى أجابته السيدة بالنفي، تبسم الفتى وأقفل الهاتف!

تقدم صاحب المحل الذي كان يستمع إلى المحادثة إلى الفتى.

وقال له: لقد أعجبتني همتك العالية وأحترم هذه المعنويات الإيجابية فيك، وأعرض عليك فرصة للعمل لدي في المحل

أجاب الفتى: شكرا لعرضك كنت فقط أتأكد من أدائي للعمل الذي أقوم به حالياً.

إن فضائل الإخلاص، لها آثار عظيمة في الدنيا والآخرة. وإن الرياء والغش والخداع سرعان ما ينكشف للناس، ويسفر عن واقع المرائي ويفضحه ويعرضه للمقت والازدراء من قبل الناس. "فقد جاء في الآثار السالفة: «إن رجلاً من بني إسرائيل قال: لأعبدن الله عبادة أُذكر بها، فمكث مدةً مبالغاً في الطاعات، وجعل لا يمر بملأ من الناس إلا قالوا: متصنع مرّاء، فأقبل على نفسه وقال: قد أتعبت نفسك، وضيعت عمرك في لا شيء، فينبغي أن تعمل لله سبحانه،

وأخلص عمله لله، فجعل لا يمر بملأ من الناس إلا قالوا ورع تقي»"[9]. وكما جاء في بيت الشعر:

ثوب الرياء يشف عما تحته

وإذا التحفت به فإنك عاري[10]

2-1-6 الأمانة في العمل

الأمانة خُلق عظيم؛ فالأمانة لها دور فعّال وخطير في حياة الأفراد والمجتمعات والأمم، لأنها نظام أعمالهم، وقوام شؤونهم، وعنوان خلقهم النبيل وطريقهم المستقيم، الموصل إلى ارتفاع شأنهم ورقيّهم. فبالأمانة يُحافظ على حقوق الناس في أموالهم، وعلى كل شيء يأتمنونه عليه. وبديهياً، إذا تحلى كل أفراد المجتمع بالأمانة، فسوف يكون هذا المجتمع مثال التقدير والإعجاب. ومن ثمَّ يحوز على احترام وثقة الناس والاعتزاز به والرغبة في مشاركته في أموالهم ومغانمهم، وعدم الخوف من ضياع أموالهم عندما تستثمر معه.

إن الله سبحانه وتعالى عرض الأمانة على السموات والأرض فأبين أن يحملنها، كما قال: ﴿إِنَّا عَرَضْنَا الأَمَانَةَ عَلَى السَّمَاوَاتِ وَالأَرْضِ

---

9 أخلاق أهل البيت (ع)

10 الأخلاق عند الامام الصادق

وَالْجِبَالِ فَأَبَيْنَ أَنْ يَحْمِلْنَهَا وَأَشْفَقْنَ مِنْهَا وَحَمَلَهَا الإِنْسَانُ إِنَّهُ كَانَ ظَلُومًا جَهُولاً﴾[11]. وقد ذكر في التفسير أن الأمانة -أياً ما كانت- شيء يودع عند الغير ليحتفظ به ثم يرده إلى من أودعه، ومن شأنه ينبغي على العامل أن يتصف بها. وأحد الأقوال: المراد بها أمانات الناس والوفاء بالعهود[12].

وعن الإمام علي (عليه السلام): "ثم أداء الأمانة فقد خاب من ليس من أهلها إنها عرضت على السماوات المبنية والأرض المدحوة والجبال ذات الطول المنصوبة فلا أطول ولا أعرض ولا أعلى ولا أعظم منها ولو امتنع شيء بطول أو عرض أو قوة أو عز لأمتنعن ولكن أشفقن من العقوبة، وعقلن ما جهل من هو أضعف منهن وهو الإنسان إنه كان ظلوما جهولا"[13].

ومن حكم لقمان الحكيم لابنه: «يا بني: ادّ الأمانة تسلم دنياك وآخرتك، وكن أمينا فان الله لا يحب الخائنين»[14]. وكما قال رسول الله (صلى الله عليه وآله وسلم): {أداء الأمانة يجلب الرزق، والخيانة تجلب

---

11 سورة الاحزاب آية 72

12 تفسير الميزان

13 نهج البلاغة

14 حكم ومواعظ الانبياء

الفقر}[15]. وقال الشاعر:

وإذا اؤتمنت على الأمانة فارعها

إن الكريم على الأمانة راعِ

"ويصدق ذلك على الأمم عامة، فإن حياتها لا تسمو ولا تزدهر، إلا في محيط تسوده الثقة والأمانة. وبها مَلَك الغرب أزمّة الاقتصاد، ومقاليد الصناعة والتجارة، وجنى الأرباح الوفيرة، ولكنّ فئة من المسلمين وا أسفاه! تجاهلوها، وهي عنوان مبادئهم، ورمز كرامتهم، فباؤوا بالخيبة والإخفاق. من أجل ذلك كانت الخيانة من أهم أسباب سقوط الفرد وإخفاقه في مجالات الحياة، كما هي العامل الخطير في إضعاف ثقة الناس بعضهم ببعض، وشيوع التناكر والتخاوف فيما بينهم، مما تسبب تسيب المجتمع، وفصم روابطه، وإفساد مصالحه، وبعثرة طاقاته"[16].

لتحقيق الأمانة في أي عمل ينبغي على العامل أن يتبع ويطبق ما يلي:

1. المحافظة على أوقات الوظيفة؛ وذلك بالحرص على وقت

---

15 الوافي

16 أخلاق أهل البيت (ع)

العمل، واستثماره في سرعة إنجاز العمل المتطلب منه، وأداءه كاملاً. عدم إضاعة الوقت وتبديده في الإنشغال بأمور لا تتعلق بالعمل، سواءٌ كان ذلك داخل مقر العمل أم خارجه. وأخذ وقت الراحة كما هو مذكور في العقد. فقد جاء في تقرير نشر في أمريكا بتاريخ 1995/12/24م أنه تبلغ خسائر سرقة الوقت من قبل العاملين والموظفين في أمريكا (170) مليار دولار سنويا، وبمعدل تسع ساعات أسبوعيا من كل عامل وموظف، ويتساوى الرجال والنساء في معدل السرقة من وقت العمل.

2. تجنب الغش والخداع في العمل بكافة أشكاله وصوره. معنى الغش كما ذكره المناوي: "الغش ما يخلط من الرديء بالجيد". ولقد ذمّ الله عزّ وجلّ الغش وأهله في القرآن وتوعدهم بالويل، كقوله تعالى: ﴿وَيْلٌ لِلْمُطَفِّفِينْ. الَّذِينَ إِذَا اكْتَالُوا عَلَى النَّاسِ يَسْتَوْفُون. وَإِذَا كَالُوهُمْ أَو وَّزَنُوهُمْ يُخْسِرُونَ﴾[17]. وكذلك حذّر النبي (صلى الله عليه وآله سلم) من الغش وتوعّد فاعله، وذلك أن النبي (صلى الله عليه وآله سلم) مر

17 سورة المطففين آية 1-3

على صُبرة طعام فأدخل يده فيها فنالت أصابعه بللاً. فقال: «ما هذا يا صاحب الطعام؟» قال: أصابته السماء يا رسول الله. قال: «أفلا جعلته فوق الطعام كي يراه الناس؟ من غش فليس مني» وفي رواية «من غشنا فليس منا»[18]

3. المحافظة على أسرار العمل وكتمانها. فكشف الأسرار تجر بعدها تبعات سلبية كثيرة ومنها؛ الإخلالُ بالأمانة، ونقض للعهد، وإخلافُ الوعد، كما قد يؤدي بالضرر على من يختص به السرّ، وأيضاً إشاعةُ الخيانة بين العُمّال، وعدم احترام الكلمة، والتدخُّل فيما لا يعني، وعلاوة على ذلك يفتح باب التلصُّص والتجسُّس والجرأة على الممنوعات الشرعية.

4. تجنب استغلال الموقع الوظيفي في العمل لجر منفعة شخصية، وتجنب الإستيلاء على المال العام بطرق ملتوية، أو صرف العهدات المالية في غير ما خصصت له، أو تلقي الرشاوى مقابل خدمات وتسهيلات للراشين. والرشوة هي

18 رواه مسلم

عملية عرض أو منح، أو تلقى أو التماس شيء ذو قيمة ما لغرض التأثير على اتخاذ الموظف لأي إجراء بالاعتماد على مسؤوليته الوظيفية أو القانونية. فالرشوة يتم فيها اتفاق بين الراشي والمرتشي، أما الهدية التي تبذل من المستفيد من الخدمة دون طلب. والرشوة تدفع أو يتفق عليها قبل تقديم الخدمة أما الهدية تكون بعد تقديم الخدمة بشرط أن لا تكون رشوة لعمل حاضر أو مستقبلي.

5. المحافظة على أدوات وأجهزة العمل، وتجنب استخدامها وتسخيرها لقضاء مصالح ومنافع شخصية. واستخدام الأدوات بشكل صائب وسليم وعدم استخدامها لأسباب شخصية أو غير متعلقة بالعمل الذي وجدت من أجله. ويمكن القول ترشيد استخدم الطاقة الكهربائية والاتصالات السلكية والتكييف، والمواصلات والأدوات التقنية والتكنولوجية.

ونسوق في هذا المقام هذه القصة التي تبين الأمانة في العمل وأهمية رفض الرشوة وما يؤول من منفعة على من يتحلى بها. يُذكر أن حارساً أميناً عاش راضيًا ومقتنعاً براتبه الضئيل، ويؤدي واجبه بإتقان وأمانة، ويثق بالله. ولم يهتم كثيرًا بما تردد ذات يوم عن بطش نائب مدير الأمن

الجديد، وأساليبه في الإيقاع بالمنحرفين. فيقول هذا الحارس: ذات ليلة كنت أطوف في منطقة حراستي، أقاوم البرد بالسير جيئة وذِهابًا. رأيت عن بعد رجلًا يسير في حذر ويقود بقرة. وأن الليل قد انتصف، لم يكن موعد خروج الفلاحين إلى حقولهم. وتقدمت منه وسألته عن سبب سيره في هذا الوقت المتأخر من الليل؟ وتظاهر بالخوف، وأخرج من ملابسه ورقة مالية من فئة العشرة جنيهات -آن ذاك- وحاول أن يعطيها إليَّ. تأكدت أنه سارق للبقرة.

طلبت منه في حزم أن يسير أمامي إلى قسم الشرطة. وزاد ارتباكه، أخرج من جيبه ورقة مالية أخرى وراح يرجوني أن اتركه، ولم أتردد، تراجعت للخلف، أشهرت سلاحي، هددته بالقتل، وأمرته أن يسير أمامي إلى قسم الشرطة، وسرت خلفه في حذر. وكلما تلفت وراءه، يشاهدني وسلاحي نحوه، فيواصل السير، حتى بلغنا قسم الشرطة، أمسكت به في عنف، وقدمته للضابط، وأنا أبلغ بما حدث. رأيت الضابط يقف وينظر إلى الرجل في ذهول؛ ورأيت الرجل يقف أمامه ويبتسم والضابط يقدم له مقعدًا ليجلس، ويقول لي الضابط إنه نائب مدير الأمن الجديد. وزادت دهشتي، وفسّر لي الضابط الموقف، بأنه اعتاد أن يتنكر ويتجول وسط الحراسات ليتأكد بنفسه من سير أعمال رجال الأمن، وأنه استعار هذه البقرة من أحد الأصدقاء ليمثل دور الرجل المشبوه. وبدأت أشعر بالخوف، لقد هددت الرجل بالقتل، قبضت عليه، اتهمته بالسرقة، وزاد خوفي عندما طلب مني الحضور، في اليوم التالي إلى مكتبه. وأخذت

أدعو الله أن تأتي النهاية سليمة.

وجاءت النهاية فوق ما تخيلته. عندما دخلت إلى مكتب نائب مدير الأمن مع مأمور القسم، رأيت الرجل في صورته الحقيقية، وحوله بعض الضباط، توقف أمام مكتبه، قال لي أنت رجل شريف وأمين، انتظر مني ترقية، ولك هذا المبلغ الذي رفضت أن تأخذه بالأمس. ووقفت أمامه مذهولًا، إلى أن انتبهت إلى صوت المأمور الواقف بجواري أن أتقدم وأتسلّم منه المكافأة. وتقدمت وصافحته وصافحت الضابط، وكان فعلًا خير مكافأة." فَقَالَ لَهُ سَيِّدُهُ: نِعِمَّا أَيُّهَا ٱلْعَبْدُ ٱلصَّالِحُ وَٱلأَمِينُ. كُنْتَ أَمِينًا فِي ٱلْقَلِيلِ فَأُقِيمُكَ عَلَى ٱلْكَثِيرِ.

3-1-6 إتقان العمل

من الأخلاقيات المهمّة في العمل تأدية العامل الأعمالَ المتطلبة والموكوله على عاتقه بأكمل وأحسن وجه وأن يتقنها إلى أفضل مستوى. وإن الإسلام يحضّ على العمل المتقن وزيادة الإنتاج كما قال الله تعالى: ﴿الَّذِي خَلَقَ الْمَوْتَ وَالْحَيَاةَ لِيَبْلُوَكُمْ أَيُّكُمْ أَحْسَنُ عَمَلا وَهُوَ الْعَزِيزُ الْغَفُورُ﴾[19]. وبما أن العمل مسؤولية على عاتق العامل، فليس المطلوب منه مجرّد القيام بالعمل، بل لا بُدّ من

19 سورة الملك آية 2

الإتقان في العمل وأدائه بأفضل وجه بمهارة وإحكام؛ وعلى هذا فإن العامل يصل إلى درجة لا تضاهيها درجة إذ يكون من المحبوبين لله تعالى كما قال رسول الله (صلى الله عليه وآله وسلم) {إنَّ الله يحبُّ إذا عمِل أحدُكم عملاً أنْ يُتقِنه}[20].

لو طرحنا سؤالاً: كيف ولماذا يتقن العامل عمله؟ الجواب هو أن ذلك يرجع إلى أمور معينه وضرورية، ينبغي أن تتوفر في العامل ويتحلى بها ومنها:

أ. اختيار العامل العمل الذي يناسب مؤهلاته وخبراته؛ كي تكون لديه القدرة على أدائه بكفاءة واتقان.

ب. شعور العامل بالمسؤولية تجاه الأعمال الموكوله إليه والمنوطة به؛ مما يجعله حافزاً ودافعاً على التطوير الحسن المتواصل.

ت. معرفة العامل متطلّبات العمل ومستلزماته والواجبات المنصبة على عاتقه؛ كي يتمكّن من أداءها والوفاء بها على الوجه الأكمل والأمثل.

ث. حسن رعاية العامل لعمله والعمل على تطويره وإنجازه في أسرع وقت.

ج. تجنب العامل الوقوع في الأخطاء في أداء العمل؛ كي يزيد

20 شعب الإيمان

الإنتاج بالقدر المستطاع وتعود الفائدة بالخصوص على العامل وصاحب العمل، وعلى عموم المجتمع وكافة أفراده.

إن العامل في مختلف المجالات، عندما يتقن عمله ويؤديه بصدق وإخلاص؛ إنما يعمل على زيادة الإنتاج وتنمية الاقتصاد. وذلك عندما يلتزم العامل بمتطلبات العمل من التقيد بضوابط وتقنيات معينة، وأدائه في الوقت المحدد دون تأخير، والعمل الجاد والتفكير المتواصل في تطويره حتى لا يبقى العمل ضمن مستوى جامد. ومن ثمَّ يعود بالنفع والفائدة بشكل خاص على العامل نفسه، وصاحب العمل، وبشكل عام على المجتمع وكافة أفراده وأطيافه.

ولنذكر هنا قصة قصيرة معبرة عن الذي عرضناه في إتقان العمل وهي: هناك نجار تقدم به العمر، وطلب من رئيسه في العمل وصاحب المؤسسة أن يحيله على التقاعد ليعيش بقية عمره مع زوجته وأولاده. رفض صاحب العمل طلب النجار، وأغراهُ بزيادة راتبه، إلا أن النجار أصر على طلبه، فقال له صاحب العمل إن لي عندك رجاءً أخيراً وهو أن تبني منزلا أخيراً، وأخبره أنه لن يكلفه بعمل آخر ثم يحال إلى التقاعد، فوافق النجار على مضض.

وبدأ النجار العمل ولعلمه أن هذا البيت هو الأخير فلم يحسن الصنعة، واستخدم مواد رديئة الصنع وأسرع في الإنجاز دون الجودة المطلوبة،

وكانت الطريقة التي أدى بها العمل نهاية غير سليمة لعمر طويل من الإنجاز والتميز والإبداع، وعندما انتهى النجار العجوز من البناء، سلم صاحب العمل مفاتيح المنزل الجديد وطلب السماح له بالرحيل، إلا أن صاحب العمل استوقفه وقال له: إن هذا المنزل هو هديتي لك نظير سنين عملك مع المؤسسة فآمل أن تقبله مني، فصعق النجار من المفاجأة لأنه لو علم أنه يبني منزل العمر لما توانى في الإخلاص في الأداء والإتقان في العمل. ولهذه القصة عبرة فكل منّا نجار يبني لنفسه في هذه الحياة، ويرسم صورة حياته والتي تنعكس عليه، ولابد من أن يحافظ على حسن الأداء والإتقان في جميع الأحوال والأزمان لأن المستفيد الأول من ذلك هو الشخص نفسه قبل الآخرين.

4-1-6 الإلتزام بأنظمة العمل

من الأخلاقيات السامية والفاضلة التي ينبغي على العامل التحلّي بها والحرص عليها هي الالتزام بقوانين العمل وأنظمتة ولوائحه؛ لأنها من مقومات العمل، ومن عوامل النجاح فيه. فكلّما التزم العامل بهذه القوانين والأنظمة، ظهر أثره على العمل من ناحية الجودة وزيادته الإنتاج فيه، وعمّ الفائدة على الفرد والجماعة. أما عدم الالتزام والإخلال بأنظمة العمل وقوانينه، يعدّ نقضاً لمقتضيات عقد العمل ومتطلباته الذي اتفق عليه كل من العامل وصاحب العمل. فضلا على ذلك، إن الله سبحانه وتعالى يدعو المؤمنين إلى الالتزام والوفاء

بعقودهم وشروطهم، حيث يقول: ﴿يَا أَيُّهَا الَّذِينَ آمَنُوا أَوْفُوا بِالْعُقُودِ﴾[21].

إن أنظمة العمل وقوانينه كثيرة، وربما أن كل منشأة لها بعض الأنظمة الخاصة بها. وهنا نستعرض بعض الأمور العامة التي تدخل ضمن الالتزام بأنظمة العمل في أي مجال:

أ. الإنشغال في أثناء وقت العمل بأمور العمل ومصالحه، فوقت العمل للعمل، واستغلال وقت العمل للرقي بمستوى العمل والسعي على تطوره وزيادة وتحسين الإنتاج.

ب. إن من أهم ما تنصّ عليه الأنظمة والقوانين هو الالتزام بأَوقات العمل الرسمية والمحافظة عليها. على سبيل المثال، يجب التقيّد بمواعيد الحضور والإنصراف، والمواظبة على الحضور وعدم التغيّب عن العمل إلا إذا إستلزمت الضرورة. وأيضاً الوفاء بمواعيد الآخرين، وذلك للمحافظة على وقت الجميع، ومراعاةً لإنجاز العمل فهي مسؤلية لا يمكن تجاهلها.

ت. طاعة صاحب العمل ومن ينوب عنه من المسؤولين، في

21 سورة المائدة آية 1

ضمن ما هو منصوص عليه في العقد؛ إذ يخدم العمل ويطوره ويحسن الإنتاج ويزيده. ومن الخلق الكريم عندما يتطوع العامل بتنفيذ الأوامر الخارجة عن العقد.

ث. تعاون العاملين فيما بينهم في أداء العمل، كي يحقّق النفع والخير للعاملين، والفائدة والتطوير للعمل وزيادة الانتاج.

القصة التالية تعبر عن عدم الحصول على النتيجة المرجوة والمطلوبة، بسبب عدم الإلتزام بالأنظمة والقوانين وطاعة أوامر المسؤولين: أمر أحد الملوك عمّاله أن يحفروا بحيرة، وبعد أن تم حفرها، ألقى الملك خطبة على شعبه يأمرهم فيها بأن يقوم شخص واحد من كل بيت بسكب كأس من الحليب في البحيرة أثناء الليل، حتى إذا أصبحوا تكون البحيرة قد امتلأت بالحليب. استعد رجل لتحضير كأسه، ففكر: بما أن كل أهالي المملكة سيسكبون كؤوساً من الحليب، يمكنه أن يسكب هو كوباً من الماء بدل الحليب، ولن يلحظ أحد ذلك بسبب ظلمة الليل، فذهب مسرعاً وصب الماء في البحيرة وعاد إلى بيته، وفي الصباح ذهب الملك لتفقد البحيرة فتفاجأ بأن البحيرة كانت ملأى بالماء، وذلك لأن كل شخص في المملكة فكر كما فكر ذلك الرجل، بأن ليس عليهم سكب الحليب معتمدين على أن يقوم شخص آخر بهذه المهمة.

5-1-6 الصدق في العمل

الصدق صفة إنسانية عظيمة، وهي ملكة نفسانية سامية وقوة إرادة

حيث بها يبرهن الإنسان عن حُسن خُلقه، وكما أنه بها ينال الثقة والتقدير والإحترام من قبل الآخرين. وهي أيضاً فضيلة أخلاقية مهمة ورفيعة الشأن؛ لأنها من أهم القواعد في بناء المجتمعات ورفعتها وسعادتها ورقيّها، وبها تنتظم وحدات الأمم. إذ أنّ الصدق هو مطابقة القول مع الواقع الخارجي، وبناءً على ذلك، فإن الصدق يترك آثاراً حيّة ملموسة ومباشرة في حياة الفرد والمجتمع. كما أن الإسلام يوصي بالصدق والتحلي به، إذْ يقول الله عز وجل: ﴿يَا أَيُّهَا الَّذِينَ آمَنُواْ اتَّقُواْ اللّهَ وَكُونُواْ مَعَ الصَّادِقِينَ﴾[22]. ومن وصايا الرسول (صلى الله عليه وآله وسلم) للإمام علي (عليه السلام) {يا علي، عليك بالصّدقِ * ولا تَخْرج من فيكَ كِذبةٌ أَبداً}[23]. والصدق يعدّ قيمة إنسانية مهمة في حياة البشرية، ومحببة للفطرة والقلب والنفس والعقل، فإن المجتمع الجاهلي في الجزيرة العربية كان يصف الرسول (صلى الله عليه وآله وسلم) قبل بعثتة بالصادق الأمين.

الصدق من ضرورات أي مجتمع، لما له من آثار حسنة تنعكس على حياة الناس. فإذا وجد الصدق في أي مجتمع؛ فستظهر آثاره على داخل المجتمع وخارجه، فسيكون نظام المجتمع سعيداً، وخلقه رفيعاً،

---

22 سورة التوبة آية 119

23 وصايا الرسول

واستقامة أفراده ونبلهم، وطيب السمعة، وحسن الثناء والشكر والتقدير، وكسب الثقة من الناس. كما أن من آثاره توفير الوقت الثمين، وكسب الراحة الجسمية والنفسية. فمثلا، إذا صدق المتاجرون في تجارتهم، ارتاحوا جميعاً من عناء المماكسة، وضياع الوقت الثمين في نشدان الواقع، وتحري الصدق. فقد قال الإمام علي (عليه السلام) {إلزموا الصدق فإنّه منجاة}[24]. وإذا تواطأ أصحاب الأعمال والوظائف وكافة الناس على إلتزام الصدق والتحلي به، كان ذلك ضماناً لحفظ حقوق الناس عامة وصيانتها، واستتباب الأمن والثقة والرخاء والطمأنينة. وكما قال الشاعر عبدالعزيز العندليب:

والصدق في القول زينةً لنا

قد أُمرنا أن نقولَ الأحسنا[25]

أما إذا شاع الكذب في المجتمع، وهت قيمُه الأخلاقية، وسادت الفوضى والفساد والسخط بين أفراد المجتمع، وغدا عرضة للسقوط والإنهيار. يقول الإمام الصادق: {لا تغتروا بصلاتهم، ولا بصيامهم، فإنّ الرجل ربما لهج بالصلاة والصوم حتى لو تركه استوحش، ولكن اختبروهم عند صدق الحديث، وأداء الأمانة}[26].

---

24 كمال الدين

25 الأخلاق والآداب الإسلامية

26 الكافي

ومن مصاديق الصدق هو صدق اللسان، فيكون الصدق فى الأخبار أو فيما يتضمن الأخبار ماضيًا أو مستقبلاً. فينبغى على كل إنسان أن يحفظ ألفاظه، ويصدق في كلامه وحديثه. يقول رسول الله محمد (صلى الله عليه وآله وسلم) {زينة الحديث الصدق}[27]. فلا ينحصر الصدق، بصدق اللسان بالقول فحسب، بل إن الصدق أوسع من ذلك فهو منهج عام لأي مجتمع، ومن سمات الإنسان في ظاهره وباطنه، وقوله وفعله. كما يندرج تحته الوفاء بالوعد.

فينبغي على العامل في أي مجال من مجالات العمل؛ أن يصدق بالقول والفعل والحديث مع زملائه والمسؤولين وأصحاب الأعمال والعملاء. كما أن الصدق في العمل يقتضي أن يعمل العامل عمله بإخلاص ويحسنه ويتقنه ويؤديه على أكمل وجه. ومن أهم فضائل الصدق إذا تحلى العامل به أثناء العمل ما يلي:

1- إن الصدق فى القول يؤدى إلى الصدق فى العمل والصلاح فى الأحوال.
2- الصدق يهدى الإنسان إلى البر والخير والنجاة.
3- الصدق فيه الربح والفوز وجلب الخير والبركة وزيادة في الرزق.

---

27 الإمامة والتبصرة

4- بالصدق تعم الثقة المتبادلة في المجتمع مما تمكن أفراده من العيش في ظل علاقات متواصلة ورصينة، متحابة، مطمئنة وآمنه.

وينبغي للعامل، أن يتحلى بالصدق قولاً وفعلاً؛ كي يشرف قدره، وتعلو منزلته، ويحرز قبولاً في قلوب الناس. إذ أن الصدق يدل على حسن السيرة، ونقاء السريرة، وسمو الهمة، ورجحان العقل. كما أن الناس يطمئنون إلى معاملة العامل الصادق في القول والفعل. فبالصدق تطيب سمعة العامل والمنشأة التي يعمل فيها مما يؤدي إلى إقبال الناس عليه وزيادة الربح. علاوة على ذلك، يصفو عيش العامل وباله، وتطيب حياته، ويكثر أنسه، وتسعد نفسه. ويظل موفور الكرامة وعزيز النفس، وآمناً مما يكدر عليه صفوه. وبالصدق يكون العامل شجاعاً واثقاً بنفسه؛ فيتحرك بخطى ثابتة، وبثقة عالية بلا تردد ولا خوف ولا ذعر، إذ أن سره كعلانيته.

نعرض هنا قصة نبين فيها كيف أن التحلي بالصدق يرفع الإنسان درجات ويوصله إلى مستويات إدارية عالية في عمله. وكيف يُأخذ أيضاً منها درساً وعبرة؛ والقصة هي: يوجد رجل أعمال عجوز وهو الرئيس التنفيذي للشركة التي يملكها، اتخذ قرارا بالتنحي عن منصبه وإعطاء الفرصة للدماء الشابة الجديدة بإدارة شركته، لم يرد أن يوكل هذه المهمة

لأحد أبنائه أو أحفاده وقرر اتخاذ قرار مختلف. فاستدعى كل المسئولين التنفيذيين الشباب إلى غرفة الإجتماع وألقى بالتصريح: لقد حان الوقت بالنسبة لي للتنحي واختيار الرئيس التنفيذي القادم من بينكم، تسمر الجميع في ذهول، واستمر قائلا: ستخضعون لإختبار عملي وتعودون بنتيجته في اليوم نفسه من العام القادم وفي هذه القاعة نفسها. والإختبار سيكون كالآتي: سيتم توزيع البذور النباتية التالية التي أتيت بها خصيصا من حديقتي الخاصة، وسيستلم كل واحد منكم بذرة واحدة فقط، يجب عليكم أن تزرعوها وتعتنوا بها عناية كاملة طوال العام، ومن يأتيني بنبته صحية تفوق ما لدى الآخرين سيكون هو الشخص المستحق لهذا المنصب المهم، كان بين الحضور شاب يُدعَى عزالدين وشأنه شأن الآخرين إستلم بذرته وعاد إلى منزله وأخبر زوجته بالقصة، أسرعت الزوجة بتحضير الوعاء والتربة الملائمة والسماد وتم زرع البذرة، وكانا كل يوم لا ينفكان عن متابعة البذرة والإعتناء بها جيدا، بعد مرور ثلاثة أسابيع بدأ الجميع في الحديث عن بذرته التي نمت وترعرعت، ما عدا عزالدين الذي لم تنمُ بذرته رغم كل الجهود التي بذلها، مرت أربعة أسابيع، ومرت خمسة أسابيع ولا شيء بالنسبة لعزالدين، مرت ستة أشهر – والجميع يتحدث عن المدى التي وصلت إليه بذرته من النمو، وعزالدين صامت لا يتحدث.

وأخيراً أزف الموعد، قال عزالدين لزوجته بأنه لن يذهب الإجتماع بوعاء فارغ، ولكنها قالت علينا أن نكون صادقين بشان ما حدث، وكان يعلم

في قرارة نفسه بأنها على حق، ولكنه كان يخشى من أكثر اللحظات الحرجة التي سيواجهها في حياته، وأخيرا اتخذ قراره بالذهاب بوعائه الفارغ رغم كل شيء، وعند وصوله انبهر من أشكال وأحجام النباتات التي كانت على طاولة الإجتماع في القاعة، كانت في غاية الجمال والروعة، تسلل في هدوء ووضع وعائه الفارغ على الأرض وبقى واقفا منتظرا مجيء الرئيس مع جميع الحاضرين، كتم زملاؤه ضحكاتهم والبعض أبدى أسفه من الموقف المحرج لزميلهم. وأخيراً أطل الرئيس ودخل الغرفة مبتسما، عاين الزهور التي نمت وترعت وأخذت أشكالاً رائعة ولم تفارق البسمة شفتيه، وفي الوقت الذي بدأ الرئيس في الكلام مشيدا بما رآه مهنئا الجميع على هذا النجاح الباهر الذي حققوه، توارى عزالدين في آخر القاعة وراء زملائه المبتهجين الفرحين، قال الرئيس يا لها من زهور ونباتات جميلة ورائعة، اليوم سيتم تكريم أحدكم وسيصبح الرئيس التنفيذي القادم، وفي هذه اللحظة لاحظ الرئيس عزالدين ووعاءَه الفارغ، فأمر المدير المالي أن يستدعي عزالدين إلى المقدمة، هنا شعر عزالدين بالرعب وقال في نفسه بالتأكيد سيتم طردي اليوم لأني الفاشل الوحيد في هذه القاعة، عند وصول عزالدين سأله الرئيس ماذا حدث للبذرة التي أعطيتك إياها، قصّ له ما حدث له بكل صراحة وكيف فشل رغم كل المحاولات الحثيثة.

كان الجميع في هذه اللحظة قائما ينظر ما الذي سيحصل فطلب منهم الرئيس الجلوس ما عدا عزالدين، ووجه حديثه إليهم قائلا: رحبوا بالرئيس

التنفيذي المقبل عزالدين، جرت همسات وهمهمات واحتجاجات في القاعة كيف يمكن أن يكون هذا، وتابع الرئيس قائلا: في العام الماضي كنا هنا معا وأعطيتكم بذورا لزراعتها وإعادتها إلى هنا اليوم، ولكن ما كنتم تجهلونه هو أن البذور التي أعطيتكم إياها كانت بذور فاسدة ولم تكن بالإمكان لها أن تنمو إطلاقا، جميعكم أتيتم بنباتات رائعة وجميلة، جميعكم استبدل البذرة التي أعطيتها له أليس كذلك؟ عزالدين كان الوحيد الصادق والأمين والذي أعاد البذرة نفسها التي أعطيته إياها قبل عام مضى، وبناء عليه تم اختياره رئيساً تنفيذياً لشركتي.

6-1-7 الصبر في العمل

إن الصبر صفة أخلاقية رفيعة فهي عماد الفضائل، وقطب المكارم. فالصبر يخفف على الإنسان وجده وحزنه، ويلطف عناءه، ويتغلب على ما به من شدة. كما أن الصبر يمدّ الصابر بالسكينة والطمأنينة ويحفظه من الإنهيار، ومن التعرض للعلل والأسقام والأمراض. أما عدم الصبر والجزع في الشدائد فإنه لا يشفي غليلاً، ولا يرد قضاءً، ولا يبدّل واقعاً، بل يتعب الجازع ويسبب له العناء والحزن والشقاء.

يقول (دليل كارنيجي) «لقد قرأت خلال الأعوام الثمانية الماضية كل كتاب، وكل مجلة، وكل مقالة عالجت موضوع القلق، فهل تريد أن تعرف أحكم نصيحة، وأجداها خرجت بها من قراءتي الطويلة؟

إنها: «إرض بما ليس منه بدّ». فالإنسان يعالج الأمور بتعقل ولو طالت المدة، حيث يستدعي من الإنسان التحمل والهدوء لينال أفضل النتائج.

اصبر قليلاً فبعد العُسر تيسير
وكل وقت له أمر وتدبير
وللمهيـمـن في حـالتنا نظـر
وفوق تدبيرنا لله تدبـيــر[28]

فعلى الإنسان أن يتحلى بالصبر في جميع أموره لما يعود عليه بالنفع ويجنبه الهلاك، إذْ يقول الله تعالى: ﴿وَاصْبِرْ عَلى ما أَصابَكَ إنَّ ذلكَ مِنْ عَزْمِ الْأُمُورِ﴾[29] ويقول: ﴿وَاسْتَعِينُوا بِالصَّبْرِ﴾[30]. وكما قال الإمام علي (عليه السلام): {من لم يُنجه الصبر، أهلكه الجزع}[31]. فالعمل في أي مجال من مجالات الحياة يحتاج إلى عزيمة وصبر وتحمل لا يفتر، حيث أنه مرهق في الظروف المعتادة، فضلا عن الظروف الغير المعتاد للانسان.

---

28 الأخلاق والآداب الاسلامية

29 سورة لقمان آية 17

30 سورة البقرة آية 45

31 نهج البلاغة

فعلى العامل أن يهيئ نفسه لمزاولة واجبات العمل بكل ما أوتي من قوة احتمال وعزيمة، وقدرة على التحمل والصبر على المعاناة في تأدية العمل والتعامل مع الناس. والصبر في العمل أيضاً يتمثل في رغبة العامل في أداء عمله بإخلاص وأمانة على أكمل وجه، والقيام بما أُسند إليه من واجبات في أوقاتها المحددة وباتقان. فعليه أن لا يؤجل العمل، ويماطل فيه؛ وذلك مما يسبب أضرار بمصلحة العمل ومصالح الناس.فبصبر العامل وتحمله وجلده يحرص على تحسين العمل وتطويره مرة بعد أخرى.

فالعلماء وأصحاب المواهب العالية فى فروع العلم الواسع، قد وصلوا إلى أعلى الدرجات وأرفع المراتب بالصبر والاجتهاد. إذ أن لديهم جلداً وصبراً عجيباً، ومداومة على تحقيق أهدافهم مهما كانت المشقات والصعوبات وإن كانوا وحدهم، فلا يأبهون للمتغيرات من حولهم بحيث يثبتون على صبرهم مشتغلين بعملهم، مثابرين على تحقيق أهدافهم وأعمالهم بإتقان وعلى أكمل وجه وأحسنه. فترى الصبر سمة كل العلماء والعظماء في سيرة حياتهم.

فينبغي على العامل أن يتحلى بالصبر؛ لكي يستطيع أن يواجه صعاب العمل ومشاكله وضغوطه بكل أريحية وشجاعة، ومن ثمَّ فإنّ العامل يحصل على الراحة والاطمئنان في الدنيا والثواب الجزيل في

الآخرة. وبالصبر على قضاء الله وقدرة، يؤدي بالصابر إلى الفرج، إذ أن ما بعد الصبر إلا الفرج. فقد قال الله تعالى: ﴿فإن مع العسر يسرا﴾[32]. وعن رسول الله (صلى الله عليه وآله وسلم): {إن النصر مع الصبر والفرج مع الكرب وإن مع العسر يسرا}[33].

ونعرض هذه القصة لنبين كيف أن الصبر قد أدى إلى حفظ حياة الشخص المتحلي بالصبر وحياة أسرته. يُحكى أن أحد الصالحين كان إذا أُصيب بشيء أو ابتُليَ بأي بلاء يقول خيراً، وذات ليلة جاء ذئب فأكل ديكاً له، فقيل له به، فقال: خيراً، ثم ضُربَ في هذه الليلة كلبه المكلف بالحراسة فمات. فقيل له به، فقال: خيراً، ثم نهق حماره فمات، فقال: خيراً إن شاء الله. فضاق أهله بكلامه ذرعاً. ونزل بهم في تلك الليلة عُرب أغاروا عليهم فقتلوا كُلَ من بالمنطقة ولم ينجُ إلا هو وأهل بيته. فالذين غاروا استدلوا على الناس الذين قتلوهم بصياح الديكة ونباح الكلاب ونهيق الحمير، وهو قد مات له كل ذلك فكان هلاك هذه الأشياء وصبره على البلاء، خيراً وسبباً لنجاته من القتل.

8-1-6 الإحسان في العمل

الإحسان صفة محمودة ومحبذة للناس، إذ أنهم مجبولون على حب

32 سورة الشرح آية 5

33 من لا يحضره الفقيه ج4 ص412 ح5900

من أحسن إليهم. إن المتحلي بالإحسان قد يؤثر على عواطف الآخرين وقلوبهم وعقولهم وسلوكهم. وبالإحسان يمكن كسب مودة وحب الآخرين وثقتهم، كما قال الإمام علي (عليه السلام) {بالإحسان تملك القلوب. أحسن إلى المسيء تملكه}[34]. ويكون أيضاً جزاء المحسن مقابل إحسانه مبادلته بإحسانٍ مثله، يقول الله تعالى: ﴿هَلْ جَزَاءُ الْإِحْسَانِ إِلَّا الْإِحْسَانُ﴾[35]. إن الإنسان قد يكون محسناً بتفكيره، وينوي عمل الخير، وقد يحسن بقوله، بأن يكون حلو القول واللسان وطيب الكلام، فهذا جيد ومرغوب فيه، وأما إذا نقصه العمل الحسن والطيب، فإن الإحسان في هذه الحالة يكون ناقصاً. قال أحد الشعراء:

أحسن إلى الناس تستعبد قلوبهم
فلطالما استعبد الإنسانَ إحسانُ

وإن الإحسان باقٍ، ودائماً يذكر صاحبه به. وبالإحسان تعم المحبة والألفة والتعاون بين الناس، وبه تنمو الأمم وترتقى المجتمعات إلى أرفع وأعلى الدرجات. فلذا ينبغي على العامل أن يتحلى بالإحسان مع رؤسائه وزملائه وكافة الناس الذين يتعامل معهم في العمل، سواءٌ

---

34 تصنيف غرر الحكم
35 سورة الرحمن آية 60

كانوا من داخل العمل أم خارجه. وهنا سنوضح بعض النقاط التي يمكن للعامل أن يستفيد منها في مختلف مجالات العمل؛ وهي كما يلي:

أ. الاحترام واللّطف والرّفق.
ب. البشاشة وطلاقة الوجه وطيب الكلام.
ت. تقديم المشورة والنّصح في اختيار أفضل الخيارات المتاحة.
ث. سرعة إنجاز معاملات الناس، والمبادرة إلى تقديم كلّ خدمة ممكنة لهم.
ج. العفو والصّفح عمَّن أخطأ في حقه.
ح. التعاون مع زملاءه ورؤساءه.

هنا نعرض قصة قصيرة، نوضح فيها كيف أن الشخص بالإحسان والتعاون يملك قلوب الآخرين، ويؤدي إلى نجاته من الموت. القصة كما يلي: في يوم شديد الحرارة، وخلال بحث النملة عن الماء، سقطت النملة في نبع من الماء، وكادت تغرق لولا أن رأتها يمامة من فوق شجرة، فذهبت اليمامة واقتطفت ورقة شجر لترميها بجانب النملة، فتسلقت النملة الورقة ووصلت إلى بر الأمان، وفي تلك اللحظة، رأت النملة صياداً يرمي شباكه نحو اليمامة بغية اصطيادها، فقامت النملة بقرص قدمه، فما إن شعر بالألم حتى أسقط شبكته وتمكنت اليمامة من الفرار بعيداً وبسلام.

6-1-9 التواضع في العمل

التواضع خُلق حميد وصفة شريفة وجذابة، تستهوي القلوب، وتستثير الإعجاب والتقدير، وتدعو إلى التوادد بين العباد واحترامهم وعدم الترفع والتعالي عليهم. ومن يتصف بالتواضع يكون جميل العشرة مع الناس، وعنده الهدوء والسكينة، ولطافة الخُلق، وابتسامة الثغر، وبشاشة الوجه، وحسن المعاملة. وقد حث الإسلام على التواضع لما له الأهميه الكبرى في انسجام أفراد المجتمع مع بعضهم، وتوسيع روح المودة والتكافل والمحبة والألفة. إذ يقول الله تعالى، يأمر فيها النبي محمد (صلى الله عليه وآله وسلم) بالتواضع: ﴿وَاخْفِضْ جَنَاحَكَ لِمَنِ اتَّبَعَكَ مِنَ الْمُؤْمِنِينَ﴾[36]. وقال الإمام الصادق {خرج أمير المؤمنين علي (عليه السلام) على أصحابه، فمشوا خلفه، فالتفت إليهم فقال: لكم حاجة؟ فقالوا: لا يا أمير المؤمنين، ولكنّا نحب أن نمشي معك. فقال لهم: انصرفوا، فإن مشي الماشي مع الراكب، مفسدة للراكب، ومذلّة للماشي}[37].

فينبغي على كل إنسان أن يتحلى بصفة التواضع لما لها من فوائد مترتبة على الفرد والمجتمع ومنها: نشر المحبة والمودة، تعم السلامة

36 سورة الشعراء آية 215

37 محاسن البرقي

والأمان، يسود الاحترام ويكسو المهابة، نشر الفضيلة والأخلاق الحميدة، والتعاون على البر والتقوى. وقال الشاعر:

إذا شئت أن تزداد قدراً ورفعةً

تواضع واترك الكبر والعجبا[38]

وصفة التواضع في مختلف مجالات العمل، نجدها إحدى القيم الوظيفية الأساسية؛ وذلك لأهميتها الإنسانية بصفة عامة، وللأثر الإيجابي في أداء العامل، والإحترام المتبادل بين العاملين ومن ثم أداء المؤسسة ككل، فالعامل المتواضع يكون أمينا مع نفسه ويعرف قدرها ولا يتكبر على الآخرين، ومن ثم يسعى إلى تطوير نفسه وعمله. وكذلك لا يزدري ولا يحتقر رأي زملائه العاملين، مهما كان موقعه الوظيفي، بل يحترم جميع الآراء والنظر فيها بروية ومن ثم الأخذ بأحسنها في عمله.

إن بالتواضع يشيع الود والأُلفة والاحترام بين كل العاملين، ويصلح ذات بينهم ويسهم في جعلهم فريقاً واحداً متعاضداً ومتكاتفاً، همه الوحيد انجاز العمل بالشكل المرجو وبالصورة الأكمل. وعليه سينعكس هذا الأمر على المؤسسة، إذ أنها ستنهض بالعمل وترتقي

38 الأخلاق والآداب الإسلامية

ويكون لها حسن الصيت والسُمعة، ويرجع هذا إلى الروح العالية والهمة والتواضع التي يتصف بها كل عامل يعمل فيها. إذ أن العامل يتواضع لزملائه، وللمراجعين، ويقدّر حاجاتهم، ويجتهد في خدمتهم ومساعدتهم بدون كلل ولا ملل، ويفسح المجال للانفتاح بين العاملين لتقديم النصح فيما فيه مصلحة العمل وتطوره ورقيّه.

وهذه القصة تعلمنا كيف نتواضع مع الآخرين، فهي قصه عن تواضع الرسول الأعظم (صلى الله عليه وآله وسلم). فقد كان الرسول الأعظم (صلى الله عليه وآله وسلم) من أشدَّ الناس تواضعاً. فقد رُوي أنه (صلى الله عليه وآله وسلم) كان في سفر، فأمر بإصلاح شاة، فقال رجل: يا رسول الله (صلى الله عليه وآله وسلم) عليّ ذبحها، وقال آخر: علي سلخها، وقال آخر: عليَّ طبخها، فقال (صلى الله عليه وآله وسلم): وعليَّ جمع الحطب. فقالوا: يا رسول الله نحن نكفيك. فقال: قد علمت أنكم تكفوني، ولكن أكره أن أتميَّز عليكم، فإن الله يكره من عبده أن يراه متميَّزاً بين أصحابه، وقام فجمع الحطب[39].

10-1-6 المداراة في العمل

المداراة خُلق محمود وموقف دقيق جداً. فعندما يتحلى الإنسان

39 سفينة البحار

بالمداراة، يكون ليناً ولطيفاً، كما أنه يخفض الجناح للناس، ولين الكلام لهم، ويترك الإغلاظ لهم في القول، ويتعامل معهم برفق. وعلى هذا فملاينة الناس والقول الحسن لهم وحسن صحبتهم واحتمالهم لئلا ينفروا عن المداري وليعود النفع على الفرد والمجتمع. وقد حث الإسلام على التحلي بالمداراة، ويعدّ صاحبها من أعقل الناس؛ إذ يقول الله تعالى: ﴿وَقُولُوا لِلنَّاسِ حُسْناً﴾[40]، وقال رسول الله (صلى الله عليه وآله وسلم) {أمرني ربي بمداراة الناس كما أمرني باداء الفرائض}[41]. وقد قال بعض الحكماء "الكلام اللين يغسل الضغائن المستكنة في الجوارح"[42].

ومن المداراة اختصار الكلام وعدم التطويل المؤدي إلى الملل، قال الإمام علي (عليه السلام) {الكلام كالدواء قليله ينفع وكثيره قاتل. أَقِل المقال، وقصّر الآمال، ولا تَقُل ما يكسبك وزراً وينفِّر عنك حراً}[43].

ومن مصاديق المداراة، مراعاة القدرات المختلفة للناس، وعدم تحميل

40 سورة البقرة آية 83

41 الكافي2

42 جامع السعادات، جزء 2

43 تصنيف غرر الحكم

الناس تكاليفاً وأعمالاً فوق طاقتهم، وعدم المجادلة إلا بالتي هي أحسن، حسن الصنيعة مع الناس، والمعاملة بالجميل، التودد، وحُسن صحبتهم، التواضع، العفو، الصدق وأداء الأمانة، العدل والإنصاف.

فينبغي على العامل في مختلف مجالات العمل، أن يتحلى بسياسة المداراة، فيجاري من يتعامل معه ولكن بوعي، ويراقب قوله وفعله. فعليه أن يظهر المحبة والمودة وحسن المعاملة لكل من يتعامل معه، وإن كان صاحب خُلق سيئ؛ كي يدفع أذاه عنه وعن غيره، دون أن يشجعه على الخطأ أو يعينه عليه بالقول أو بالفعل. فضلا على ذلك، العامل المداري يحسن الصنيعة مع الناس ويتعامل بالجميل، ويتحدث بلين الكلام واطيبه مع الناس، ويتواضع ويعفو ويرفق بالآخرين، وعنده الصدق وأداء الأمانة، العدل والإنصاف، وهذه من كمال الأدب والمروة. وأن الناس مجبولون على حب وإعانة المداري الذي يرفق بهم ويتفهم قدراتهم ويتودد إليهم. وقال أحد الشعراء:

من يستعن بالرفق في أمره

يستخرج الحية من وكرها

وعليه فإن للمدارة أهمية عظيمة للعامل والمؤسسة التي يعمل فيها

وللمجتمع. فمن فوائد وثمار المداراة يعم الإخاء والمودة والأُلفة والمحبة وتموت الأضغان والأحقاد والكراهية، كما يسود الأمن والسلام والتعاون والعمل على نهضة الهيئات والمؤسسات بالعمل المجدي النافع، ومن ثم توازن المجتمع. كما يكسب المداري الربح المعنوي والمادي، وتوحيد المجتمع ورصّ صفوفه، والمؤاخاة بين أفراد المجتمع، والسلامة من غوائل الأعداء ومكائدهم، سلامة الدنيا والدين وتقريب الخصم والمعاند إلى فكر المداري.

نذكر الآن قصة نبين فيها كيف أنه بالمدارة يمكن للإنسان أن يكسب ود ومحبة المخالف له في الرأي والفكر. والقصة هي: كان رجلٌ بالمدينة يؤذي الإمام موسى الكاظم، فكلّما رآه شتمه وسبّ الإمام علي (عليه السلام). فقال بعض أصحاب الإمام: دعنا نؤدّبه. فنهاهم الإمام عن التعرض له بسوء. وسأل الإمام عن شغل الرجل، فقالوا: إنّ له مزرعة خارج المدينة. فقصده الإمام واخترق المزرعة. فصاح الرجل: لا تطأ زرعنا. واستمر الإمام في طريقه حتى وصل إليه، فسلّم عليه وجلس عنده، وراح يضاحكه، ثم قال له: كم تضرّرتَ في زرعك؟

قال الرجل: مائة دينار. فقال الإمام فكم ترجو أن يكون محصولك منه؟

فقال الرجل: أنا لا أعلم الغيب! فقال الإمام موضحاً: إنّما قلتُ لك كم ترجو.

فقال الرجل: مائتا دينار. فأعطاه الإمام ثلاثمائة دينار. فأخذها الرجل شاكراً. وفي اليوم التالي، وعندما ذهب الإمام إلى المسجد، نهض الرجلُ

واستقبله بجفاوة وقال له: الله أعلم حيث يجعل رسالته. وتعجب أصحاب الإمام، فأخبرهم الإمام بما فعل، وأوصاهم بمداراة الناس، ومعاملتهم بالحسنى.

2-6 أخلاقيات صاحب العمل

كما ينبغي للعامل أن يتصف بأخلاقيات مهنية أثناء عمله، في المقابل أيضاً ينبغي أن يتحلى صاحب العمل أو من ينوب عنه كالمدير والمسؤول، بأخلاقيات مهنية عند تعامله مع العمال. فالإسلام والمنظمات العالمية قد جاءت بقيم وأخلاقيات مهنيه كثيرة. وفي هذا الباب سنعرض أبرز هذه الأخلاقيات والقيم المهنية التي ينبغي لصاحب العمل؛ سواءٌ كان من ينوب عنه مثل المدير، أم هيئة خاصة، أم قطاعاً عاماً.

1-2-6 الصدق والوفاء مع العمّال

كما ذكرنا سابقاً، أن الصدق صفة أخلاقية عظيمة، ولها أهميتها وتأثيرها على العامل والمؤسسة التي يعمل فيها، وعلى المجتمع. ومن أهم مصاديق الصدق لدي صاحب العمل أن يُعطي العامل حقوقه دون بخس ولا نقصان. فالأُجرة هي أحد أركان عقد العمل، وهي ما يستحقّه العامل مقابل ما يبذله من جهد ووقت لأداء العمل

والواجبات التي يكلف بها. كما أنها من أهمّ الحقوق التي ينتظرها العامل من صاحب العمل بعد أدائه عمله وما كلف من واجبات؛ فينبغي على صاحب العمل أن يلتزم ويصدق في إعطاء العامل حقّه من الأُجرة دون بخس ولا منّة.

وعندما يؤدّى العامل عمله وواجباته المكلفة عليه، فيصبح من حقه الأجر المذكور في عقد العمل المتفق عليه بين الطرفين، وديناً لدى صاحب العمل، وأمانةً في عنقه، يجب عليه الوفاء به كاملاً دون بخس أو تأخير أو مماطلة. إذ يقول الله تعالى: ﴿إِنَّ اللَّهَ يَأْمُرُكُمْ أَنْ تُؤَدُّوا الْأَمَانَاتِ إِلَى أَهْلِهَا﴾[44]. كما يقول عز وجل: ﴿يَا أَيُّهَا الَّذِينَ آمَنُوا أَوْفُوا بِالْعُقُودِ﴾[45].

وهذه القصة نوضح فيها أهمية الصدق، وبواسطتها أسترجعت الحقوق وهي: اقترض رجل من صديق له بعض المال، وطالت مدة الدين، وبمطالبة الرجل الدائن للمدين رفض السداد، وأخيرا أنكر أنه أخذ شيئا. ذهب الرجل الدائن إلى القاضي وشرح له كيف إنهما كانا صديقين ولما وجد صديقه في ضائقة مالية فرّج عنه وأعطاه بعض المال بصفة قرض ولما طالبه بالسداد رفض وأخيرا أنكر الدين. استدعى القاضي الرجل

44 سورة النساء آية 58

45 سورة المائدة آية 1

المدين وسأله أن يرد الدين إلى صاحبه ولكنه أنكر أنه أحذ شيئا وقال للقاضي ليس هناك من يشهد على أنني أخذت منه مالا قال القاضي للدائن: هل يشهد معك أحد؟ فقال الرجل: لا. فقد أعطيته المال في السر.

دعا القاضي الرجل المدين الذي أصر على الإنكار وأجلسه بجواره. وقال للرجل الآخر: "الآن اذهب إلى المكان الذي أقرضته فيه المال واحضر لي منه حفنة من التراب لأسألها" فاندهش الرجل من هذا الكلام ، لكنه أطاع ، وذهب إلى ذلك المكان.تأخر الرجل وتأخر... وهنا التفت القاضي إلى المدين، وسأله قائلًا: "هل تظن أنه وصل الآن إلى ذلك المكان؟ وبسرعة وبدون تفكير، أجاب المدعى عليه: "لا فإن المكان بعيد جدا يا سيدي القاضي". وهنا نظر إليه القاضي ساخرا وقال: ومن أين عرفت أن المكان بعيدٌ؟!" هذا اعتراف منك بأنك أخذت منه المال وفي ذلك المكان، وحكم عليه بأن يؤدى الدين إلى صاحبه، وأن يجلد عشرين جلدة لكذبه.

2-2-6 العدل والإحسان مع العمّال

العدل والإحسان صفتان أخلاقيّتان ساميتان، لهما شأن رفيع وعظيم؛ وذلك عندما يتحلى أفراد المجتمع بهما، تعم الفائدة على الفرد والمجتمع؛ إذ يتقوم المجتمع ويسوده الأمن والاستقرار والأمان والاطمئنان، ويرتقى إلى مراتب عالية ومستويات رفيعة. وعلاوة على

ذلك، أن من سمات الإسلام، الإحسان إلى الناس، والقيام بالعدل في القول والفعل، كما يقول الله تعالى: ﴿وَإِذَا قُلْتُمْ فَاعْدِلُوا وَلَوْ كَانَ ذَا قُرْبَى﴾[46]. فالعدل مبدأ أساسي في الإسلام، وميزان الاجتماع الإنساني، وأمر الناس أن يحكموا بالعدل، إذ يقول الله عز وجل: ﴿وَإِذَا حَكَمْتُمْ بَيْنَ النَّاسِ أَنْ تَحْكُمُوا بِالْعَدْلِ﴾[47]، وقال رسول الله (صلى الله عليه وآله وسلم): {عدل ساعة خير من عبادة سبعين سنة قيام ليلها وصيام نهارها}[48]. وأن العدل وقاية وعلاج في نفس الوقت، فبه تُحل كل المشاكل والخلافات إن وجدت بين الناس، كما أنه به يُضمَن السلام والأمن بين أفراد المجتمع. فيقول الإمام الصادق في صفة العدل: {سيد الأعمال ثلاثة: إنصاف الناس من نفسك، حتى لا ترضى بشيء لنفسك إلا رضيت لهم بمثله ...}[49].

إن تخلق صاحب العمل أو من ينوب عنه في الإدارة، بصفتي العدل والإحسان، ينتج عنهما آثار إيجابيّة حسنة على العمل وأطرافه وعمّاله؛ إذ يتقوّى إحساس العامل ومشاعره نحو المؤسسة التي يعمل فيها، فيعمل جاهداً على رفع مستوى الأداء والإنتاج، وبذل ما أوتي

46 سورة الأنعام آية 152

47 سورة النساء آية 58

48 البحار ج72 ص352 ح61

49 أصول الكافي

من قوة؛ لتنهض المؤسسة ويرتفع صيتها، وسمعتها الحسنه، إيماناً منه أن حقه لن يضيع من قبل صاحب العمل المحسن العادل في إدارته. ومن ثمَّ يرتفع شأن المجتمع ويسمو ويُعمر على الوجه الأحسن والأكمل. كما قال الإمام علي (عليه السلام): {ما عمرت البلاد بمثل العدل}[50]. وقال: {العدل يصلح البريّة}[51]. وقِيل:

وما من يدٍ إلا ويد الله فوقها
وما من ظالمٍ إلا وسيُبلى بأظلمِ
لا تظلمنّ اذا ما كنت مقتدراً
فالظلم آخره يفضي إلى الندمِ
تنام عيناك والمظلوم منتبه
يدعو عليك وعين الله لم تنمِ

عندما يتحلى صاحب العمل أو من ينوب عنه في الإدارة بالعدل والإحسان، يترتب عنهما صور كثيرة؛ منها ما يلي:

1- المساواة بين العمّال في حسن التعامل، وإعطاء كل ذي حقٍّ

---

50 مستدرك الوسائل ج11 ص320 ح13146
51 غرر الحكم ص329 ح7778

حقّه، من ناحية الأجرة والحوافز والعلاوات والترقيات ونحوها.

2- المساواة بين العمّال (الذين يكونون في نفس المنصب) في التكليف بالأعمال.

3- متابعة أحوال العمّال وتفقدها، والسعي على حل المشكلات إن وجدت بعدلٍ وإنصاف.

4- أن يتناسب أجر العامل مع حجم العمل المطلوب منه.

5- عدم إجبار العامل على أعمال غير متفق عليها في عقد العمل بعدم رضاه.

6- أن يكون تقييم أداء العامل بشكل موضوعي.

7- أن يمنح العامل الإجازات الاعتياديّة والاضطراريّة كما هو متفق عليه.

8- أن يمنح العامل فترة الراحة أثناء العمل.

والآن نقدم هذه الرواية والتي نبين فيها أهمية العدل والإحسان: جاءت إمرأة إلى النبي داوود (عليه السلام) قالت: يا نبي الله، أ ربك ظالم أم عادل؟ فقال داود: ويحك يا امرأة هو العدل الذي لا يجور، ثم قال لها ما قصتك قالت: أنا أرملة عندي ثلاث بنات أقوم عليهن من غزل يدي فلما كان أمس شدّدت غزلي في خرقة حمراء وأردت أن أذهب إلى السوق لأبيعه وأبلّغ به أطفالي فإذا أنا بطائر قد انقض عليّ وأخذ الخرقة والغزل وذهب، وبقيت حزينة لا أملك شيئاً أبلّغ به أطفالي. فبينما المرأة

مع داود (عليه السلام) في الكلام إذا بالباب يطرق على داود فأذن للطارق بالدخول وإذا بعشرة من التجار كل واحد بيده: مائة دينار فقالوا يا نبي الله أعطها لمستحقها. فقال لهم داود (عليه السلام): ما كان سبب حملكم هذا المال قالوا يا نبي الله كنا في مركب فهاجت علينا الريح وأشرفنا على الغرق فإذا بطائر قد ألقى علينا خرقة حمراء و فيها غزل فسدّدنا به عيب المركب فهانت علينا الريح وانسد العيب ونذرنا لله أن يتصدّق كل واحد منا بمائة دينار وهذا المال بين يديك فتصدق به على من أردت، فالتفت داود (عليه السلام) إلى المرأة و قال لها: رب يتجر لكِ في البر والبحر وتجعلينه ظالماً، وأعطاها الألف دينار وقال: أنفقيها على أطفالك.

4-2-6 التواضع مع العمّال

التواضع فضيلة أخلاقية محمودة، ومطلوبة خصوصاً عند صاحب العمل أو من ينوب عنه في الادارة، بأن يتحلى بها ويتعامل بها مع العمّال مهما ارتفعت أو نزلت درجاتهم الوظيفيّة. فعلى صاحب العمل أن تكون مجالسته مع العمّال والحديث معهم بتواضع لا بترفعٍ وتعالٍ. وأن لا يحتجب عنهم ويشاركهم همومهم الوظيفيّة، ويتفقد متطلباتهم وحاجاتهم، وأن يتفهمها ويسعي إلى قضائها بالقدر المستطاع والمتاح له. كما يسعى إلى توفير المناخ المريح للعمال؛ لتأدية العمل على أحسن وجه وبالشكل المطلوب. ومن ثمَّ، تنهض المؤسسة ويرتفع شأنها وصيتها وتعم الفائدة على الجميع. وقد قيل

في التواضع:

وأقبح شيئ أن يرى المرء نفسه
رفيعاً وعند العالمين وضيعُ
تواضع تكن كالنجم لاح لناظر
على صفحات الماء وهو رفيعُ
ولاتكن كالدخان يعلو بنفسه
على طبقات الجو وهو وضيعُ

وهنا نذكر أن النبي سليمان (عليه السلام) على الرغم من ملكه الهائل لكنه يتصف بالتواضع: دعا نبي الله سليمان (عليه السلام) أن يعطيه الله مُلكاً لم يعطه لأحد من الخلق، فسخرّ الله تعالى له الريح تنقل جنودة من الشرق إلى الغرب ومن الجنوب إلى الشمال وتسير الريح في الصباح ما يقطعه الجند على أرجلهم في شهر، كما تعود الريح بهم مساء في مدة يسير بها الجند مدة شهر، كما سخر الله لسليمان (عليه السلام) الجن والإنس والطير، ولايقدر أحد من هؤلاء على مخالفة أمر سليمان عليه السلام كما علمه الله لغة الطير فكان يكلمها كما يكلم الناس. ولما مر على وادي النمل تكلمت نملة فسمع سليمان كلامها ، فقد وقفت خطيبة في النمل وقالت باعلى صوتها: [ياأيها النمل ادخلوا مساكنكم لايحطمنكم سليمان وجنوده وهم لايشعرون]. فتبسم (سليمان) من قولها وقال: [ربّ أوزعني (ألهمني) أن أشكر نعمتك التي أنعمت علي وعلى والدي وأن أعمل صالحاً ترضاه وأدخلني برحمتك في عبادك الصالحين]. ودخل

النمل مساكنهم بأمان، فقد نبهت حارسة النمل جماعتها وسمع سليمان كلامها فتبسم ضاحكاً ولم يغضب لما فعلت النملة.

6-2-5 مُداراة العمّال

كما ذكرنا سابقاً، أنه ينبغي على العامل أن يتحلى بالمداراة، فهنا أيضاً مطلوب من صاحب العمل أو من ينوب عنه في الإدارة أن يتحلى بالمداراة مع العمّال الذين يعملون عنده في المؤسسة. فعلى صاحب العمل أن يكون دقيقاً في التعامل مع العمّال، ومراقباً لقوله وفعله مع كل عامل، بغض النظر عن موقعه الوظيفي الذي يشغله في المؤسسة. كما ينبغي أن يظهر المحبة والمودة وحسن المعاملة لهم، ويتحدث معهم بلين الكلام واللفظ الطيب، ويتواضع ويعفو ويرفق بهم. مما يؤدي إلى أن يكون صاحب العمل المداري في موقع احترام وتقدير من قبل عمّاله؛ فإنّ عامة الناس مجبولون على حب وإعانة المداراي الذي يرفق بهم ويتفهم قدراتهم ويتودد إليهم.

ومن ثمَّ فإن مداراة صاحب العمل لعمّاله؛ لها أهمية بالغة ومؤثرة على العمّال والمؤسسة التي يعملون فيها والمجتمع؛ فإنه يتجنب المشاداة والمصادمات، وحدوث الخلافات والاضطرابات مع العمال. وكذلك يسود الإخاء والمودة والأُلفة والمحبة بين العمّال وصاحب العمل وتموت الكراهية والمحسوبية. فقد روي عن رسول الله (صلى الله عليه وآله

وسلم): {إنّا أمرنا –معاشر الأنبياء– بمداراة الناس كما أمرنا بأداء الفرائض}[52]. كما أن بالمداراة تعم الطمأنينة والأمن والسلام والتعاون بين العمّال والعمل على إنجاز العمل وإتقانه، والسعي على رقي المؤسسة ونهضتها وعلو صيتها واسمها، ومن ثم ارتفاع شأن المجتمع وتوازنه. فعلى صاحب العمل أن يجمع بين الرفق والمداراة وبين الحزم والشدة والجدية، فعن الإمام علي (عليه السلام) أنه كتب إلى بعض عمّاله: {واخلط الشدة بضغث من اللين، وارفق ما كان الرفق أرفق}[53]. وقيل في المداراة:

أغمض عيني عن صديقي كأنني
لديه بما يأتي من القبح جاهل
وما بي جهل غير أن خليقتي
تطيق احتمال الكره فيما أحاول
متى ما يربني مفصل فقطعته
بقيت ومالي في نهوضي مفاصل
ولكن أداريه ، وإن صح شدني
فإن هو أعيا كان فيه تحامل

52 بحار الأنوار ج75 ص53

53 نهج البلاغة

وهنا حكمة رائعة للقمان الحكيم تتضح فيها أهمية المداراة: قال لقمان لابنه : يا بني، كذب من قال إن الشر بالشر يطفأ، فإن كان صادقا فليوقد نارين، ولينظر هل تطفىء إحداهما الأخرى؟ وإنما يطفىء الخير الشر كما يطفىء الماء النار.

6-2-6 احترام العامل وتقدير كرامته الإنسانية

لكل إنسان كرامته الإنسانية الخاصة به، ويمتلكها في كنية وجوده وفي دخيلة نفسه فطرياً. إذ يتوجب أن يحصل الإنسان على هذا التكريم لإنسانيته، بغض النظر عن دينه وعرقه ولغته وأيديولوجيته ووضعه الطبقي ولون بشرته. فضلا على ذلك، إن الله سبحانه وتعالى خلق الإنسان كريماً، وجعله مفطوراً على العزة والكرامة، حيث يقول الله تعالى: ﴿وَلَقَدْ كَرَّمْنَا بَنِي آدَمَ﴾[54]. وكما جاء عن النبي (صلى الله عليه وآله وسلم) {لا فضلَ لعربي على أعجمي، ولا لأعجمي على عربي، ولا لأحمر على أسود، ولا لأسود على أحمر - إلاَّ بالتقوى}[55].

ومن منطلق مبدأ الكرامة الإنسانية، يترتب عامل الإحترام في وسط العمل بين صاحب العمل أو من ينوب عنه في الإدارة وبين العمّال.

---

54 سورة الإسراء آية 70

55 مسند الإمام أحمد

فعلى صاحب العمل أن يُشعر العامل بالعناية والإهتمام به، واحترامه وتقديره لشخصه وكرامته الإنسانية، ومن ثمَّ إذا تم تبادل هذا الاحترام بين صاحب العمل وعمّاله؛ سادت مكارم الأخلاق بينهم، وأثّرت على عامة الأفراد والمجتمع. فمهما كان مستوى العامل التعليمي أو المهني أو الاقتصادي أو الاجتماعي؛ فله الشأن المهم والأثر البالغ على المجتمع الذي يعيش فيه. فكل عامل يؤدي دوره في هذه الحياة، إذ يقوم بالعمل الذي يتناسب مع قدراته ومؤهلاته، ويصبح بعمله عضواً فعّال في المجتمع أيّاً كان نوع العمل الذي يزاوله، أو المجال الذي يعمل فيه.

ولذا ينبغي على صاحب العمل أو من ينوب عنه في الإدارة، أن يحرص على احترام العامل وتقدير كرامته الإنسانية بغض النظر عن منصبه الوظيّفي، وأن يتعامل معه برفقٍ ولين، وأن يتجنب كل قول وتصرّف يتضمّن ويؤدي إلى مهانة العامل أو مذلّتة. علاوة على ذلك، ينبغي على صاحب العمل أن يحفظ كرامة العامل، فلا يضعه موضع العبد الذليل المهان والسخريّة منه.

فالتحلي بهذا المبدأ الأخلاقي البالغ الأهمية من قبل صاحب العمل؛ يبث الطمأنينة والراحة في نفوس العمّال ويرفع من معنويّاتهم ويشحذ هممهم. وبذلك يعلو حماسهم لعملهم واهتمامهم به، والسعي على

انجازه بالشكل المرجّو وإتقانه. كما يظهروا روح المبادرة والتعاون فيما بينهم في أداء العمل، ومحاولة الإبتكار فيه، والإمتثال إلى التعليمات والتوجيهات التي تنص عليها قوانين ولوائح المؤسسة التي يعملون فيها. وعليه يتحقّق تطلّعات المجتمع في الرّقِي، والرخاء والأمن والإزدهار.

فهذه القصة التي درات بين طبيب وصياد توضح أنه ينبغي احترام الآخرين واحترام كرامتهم ومهنهم، وينبغي عدم الحكم على مهنة الآخرين بأنها لا تساوي شيئاً وبلا قيمة أو فائدة، فكل مهنه لها مزاياها وخصائصها وفوائدها. فبإجتماع كل المهن ترتقي المجتمعات وتنمو الأمم والقصة كالآتي:

تقابل زميلان قديمان، وكان أحدهما قد تخرج طبيبا أما الآخر فقد اشتغل صيادا، وذات يوم أراد الطبيب أن يعبر النهر وأخذه الصياد في قاربه وبينما هما يعبران النهر سأل الطبيب الصياد: هل تعرف شيئا عن الفسلجه والتشريح والطب؟

فأجابه الصياد: لا.

فقال الطبيب: لقد ضاع عليك نصف عمرك.

وبعدها هبت عاصفة شديده فدار بينهما الحديث الآتي:

الصياد: هل تعرف شيئا عن السباحه؟

الطبيب: لا.

الصياد: إذن لقد ضاع عليك عمرك كله.

3-6 نماذج تطبيقية لأخلاقيات العمل

لكل مهنة في المجتمع الإنساني مرتكزات أخلاقية ومهنية ينبغي أن يتبعها العاملون فيها. وأن تطبيق أخلاقيات العمل في كل مجالات العمل له الدور البارز والمهم والفعّال لرقّي وتطور المجتمعات. وفيما يأتي نعرض أهمية تطبيق أخلاقيات العمل في بعض المجالات العملية على سبيل المثال:

- المجال التربوي: عمل المعلم حساس ومهم في حياة المجتمع؛ إذ أنه مسؤول عن تربية النشء والأجيال، فينبغي أن يكون المعلم أسوة وقدوة حسنة للطلبه في تطبيق أخلاقيات العمل وفي مكارم الأخلاق، وإلا يكون هدفه الإضرار الفكري أو السلوكي بهم. وينبغي على المعلم أن يكون الصدق والإخلاص والأمانة والعدل والإحسان والمداراة والالتزام بالقوانين والاحترام بينه وبين الطلبة هو ديدنه في قيامه بعمله.

- المجال الطبي: تقع على الأطباء المسؤولية الكبيرة في مجالهم

العملي، فهم الذين يطلعون على أسرار المرضى وطبيعة مرضهم. وشفاء المريض معلق بعد الله عز وجل على إخلاص الطبيب ولذا ينبغي على الأطباء مباشرة أعمالهم في معالجة المرض بصدق وأمانة وإخلاص وحفظ الأسرار وإلا يخرجوا عن إطار مهامهم إلى تصرفات لا تليق بعمل الأطباء وثقة المرضى بهم.

- المجال الصحفي: الصحافة المكتوبة هي مرآة المجتمع بل قيل إنها السلطة الرابعة، وهي الوسيلة بينها وبين المواطنين لتلقي المعلومات والأخبار المختلفة والمتنوعة، وتساعد المجتمع أيضاً على نشر الأخبار وكشف الأخطاء ومعالجة السلبيات، فينبغي على الصحفي أن يكون عمله دقيقاً ويتسم بالموضوعية وبعيد عن الشخصنة، فالصحفي الذي يجري تحقيقاً صحفياً معتمداً فيه على معلوماته الشخصية من دون الرجوع إلى مصدر المعلومات يكون عمله بعيداً عن الموضوعية والأمانة والإخلاص والدقة والالتزام بالقوانين.

- المجال الإعلامي: العمل في المجال الإعلامي يشمل الإعلام المرئي والمصور والمسموع بمختلف صوره وأشكاله. فالأخلاقيات المهنية في مجال الإعلام لا تضيف إضافات

جديدة إلى جانب القانون، بل تعمل على تثمين القيم السامية الكبرى (الإستقلالية، التعددية، المصداقية) التي تضمن الحرية للذين يشتغلون على المعلومة ويروجونها لفائدة هذا المتلقي أو ذاك. إن الأخلاق الإعلامية تمثل هنا ضمانة أساسية، لا، بل شرطًا لضمان الحرية الإعلامية تنظيمًا وسلوكًا وممارسة.

- مجال إدارة الموارد البشرية: تغطي أخلاقيات إدارة الموارد البشرية تلك القضايا الأخلاقية الناشئة حول العلاقة بين أصحاب الأعمال أو من ينوب عنهم والعاملين في المؤسسات، مثل الحقوق والواجبات المستحقة فيما بينهم. والإهتمام بهذه الأخلاقيات نظراً لارتباطها بالقوة الإقتصادية للدول والمؤسسات على حد سواء. فتخلف أخلاقيات العامل الإداري قد يؤدى إلى تخلف المؤسسات والمنظمات الحكومية ومن ثمَّ يؤدي إلى انهيارها على المدى الطويل.

- المجال الهندسي: مهنة الهندسة من المهن المهمة في المجتمع الإنساني فهي تمس حياة كل إنسان فيه، وذلك لحاجتهم لها في مساكنهم وطرقهم ومكاتبهم. إن مهنة الهندسة تشهد

تطوراً في حياة الإنسان المعاصر بشكل كبير وملحوظ. فالخدمات التي يقدمها المهندسون ترتبط ارتباطاً كبيراً بالتقدم الحضاري، فمثلا يقدمون الحماية والأمن وتسخير الموارد الطبيعية لخدمة المجتمع ورفع مستوى معيشته، لذا ينبغي على المهندسون أن يتحلوا بأخلاقيات مهنتهم، ويقدمون خدماتهم وفقاً للقواعد والمعايير الأخلاقية على سبيل المثال الإخلاص والصدق والأمانة والإتقان وعدم الغش وقبول الرشاوي.

- المجال التقني والتكنولوجي: إن الكمبيوتر والتكنولوجيا والإنترنت من أهم اختراعات القرن العشرين. فقد نشأت العديد من القضايا الأخلاقية التي تختص بالتكنولوجيا والإنترنت التي تسيء إلى الآخرين. فمثلا أصبح من السهل الوصول إلى المعلومات المخزنة الكترونياً، ومن ثمَّ استخراج البيانات السرية، ومراقبة أماكن العمل والتجسس، وغزو خصوصية الأفراد بشكل خاص وللمجتمعات بشكل عام. وعلاوة على ذلك، ظهرت أخلاقيات التكنولوجيا في الفضاء الإلكتروني، فعلى سبيل المثال لا الحصر الحماية والأمن والخصوصية والجريمة الإلكترونية وصناعة الفيروسات، والهوية الشخصية، والملكية الفكرية والتجارة الإلكترونية.

الباب السابع
أخلاقيات العمل في تقنية المعلومات

تُعدّ أخلاقيات المهنة من القوانين والشرائع والمواصفات التي يضعها المختصون؛ لكي يلتزم الشخص بها ويسير على نهجها وينظم علاقته بغيره من الناس، وهي تلزم الإنسان أن يتصرف بالشكل اللائق، ويتحرك ضمن الذوق والأخلاق سواءٌ كان مع زملائه في العمل أم مع الآخرين الذين لهم علاقة بالعمل.

فعلى سبيل المثال، من أخلاقيات مهنة الطب أن يكون الطبيب إنساناً لطيفاً يلتزم بالصدق والأخلاق، فإذا لم يتعرف إلى داء أو لم يستطع أن يشخص مرضاه، واختصار طرق العلاج والتعجيل به والصدق مع المريض، عليه أن يحول الحالة التي بين يديه إلى الطبيب المختص؛ حتى لا يسبب للمريض المعاناة نتيجة جهله بالمرض. ومن أخلاقيات مهنة هندسة البناء أن يكون المهندس أميناً صادقاً في تقديره لتكلفة البناء وما سيتقاضاه من أجر مقابل هندسته وتخطيطه وإشرافه، لا أن يغرق المالك في بناء أكثر من طاقته وإمكاناته، وأن يبذل قصارى جهده في إكمال المشروع على أحسن وجه وبأسرع وقت.

وإذا ما اعتبرنا التكنولوجيا مهنة من المهن فنجد أن لها أيضاً أخلاقيات يجب أن يلتزم بها كل من يستخدمها أو يسوّقها أو يتعامل بها، فاستخدام التكنولوجيا بجميع أنواعها من هواتف محمولة وانترنت وستالايت وكاميرات وغيرها من الأدوات، يجب أن تخضع لقوانين وضوابط وأخلاقيات، ولعل من أبسط أخلاقيات التكنولوجيا ألا تُستخدم في إزعاج الآخرين أو إلحاق الضرر بهم أو العمل على غوايتهم أو إفسادهم أو سرقة أموالهم أو انتهاك حرماتهم أو الاعتداء على حرياتهم الشخصية والإجتماعية. إذ إن التكنولوجيا ما وجدت إلا لخدمة الإنسان ورفاهيته، وتسهيل حياته والعمل على راحته وإسعاده، وتطويره ورفع جودة عمله وصناعاته، وتسريع عملية اتصاله وتواصله سواءٌ مع أهله أم أقاربه أم أصدقائه أم العالم من حوله.

إن جرائم تقنية المعلومات مختلفة، ولا بد من وضع إستراتيجية شاملة للردع، والتي لا يمكن أن تتحدد بإجراءات تشريعية فقط؛ لأن الجرائم في مجال التكنيك المعلوماتي تتطور بصورة أسرع من تطور إجراءات الردع لصعوبة تحديد لحظة وطريقة ارتكاب هذه الجرائم، ويجري تحديد العقوبة تبعاً لتصنيف الجرائم وتقسيمها من حيث خطورتها إلى جنايات وجنح ومخالفات. ولعل الصواب في ضرورة تدخل المشرع؛ لتعديل قانون مكافحة جرائم تقنية المعلومات، والنص صراحة

وبالتفصيل على تجريم ومعاقبة سرقة المعلومات والبيانات.

باتت الساحة الدولية ، وأسواق المال تشهد أنماطاً جديدة لم يتناولها علم الإجرام والعقاب، وقد تعددت هذه الأنماط بين جرائم محلية، وأخرى دولية، نتيجة التطور العلمي والتقدم التكنولوجي للحاسب الآلي، الأمر الذي أدى إلى تدخل نظام المعالجة الآلية للمعلومات في جميع مجالات الحياة اليومية. نبين فيما يلي موقف الشريعة الإسلامية والمجتمع والقانون المحلي والدولي في من يقوم بصنع الفيروسات المهاجمة.

1-7 موقف الشريعة الإسلامية من بعض الأعمال المهنية

السؤال الذي نطرحه هنا في هذا السيناريو: ما حكم صناعة الفيروسات المهاجمة، سواءٌ ليستعملها أم لا، ولكنها عرضة لحصول الغير عليها، فما حكم تلك الصناعة؟ وما الضابط الشرعي فيها؟

من خلال البحث في محركات البحث الإلكترونية حصلنا على بعض الأسئلة المُجابة من قِبل رجال الدين والتي تتشابه مع السيناريو وهو سماحة السيد محمد سعيد الحكيم. كما قمنا بإرسال السؤال إلى عدد من العلماء ليتسنى لنا معرفة الحكم الشرعي في هذا الموقف. فكان

جواب سماحة الشيخ أسد محمد قصير على رأي سماحة السيد علي الخامنئي والسيد علي السيستاني، ورأي عامة رجال الدين والفقهاء من سنةً وشيعة هو: يجوز تصنيعها للأغراض المشروعة. الأصل في المسألة هو الجواز، ولكن لا يجوز استعمالها في العدوان على الآخر، ولا يجوز التعاون مع من يريد العدوان.

وجواب سماحة السيد محمد سعيد الحكيم: صناعة الفيروسات ليست محرمة في نفسها، وإنما يحرم استعمالها في الإضرار بمسلم، لحرمة ماله ودمه. وكذلك الحال في تمكين الغير من استعماله في ذلك، لأنه من إعانة الظالم في ظلمه الذي لا إشكال في حرمته. أما مجرد احتمال استيلاء الغير على الفيروسات وإستعماله لها في الإضرار بمسلم من دون تمكين له من قبل صاحبه فهو لا يمنع من صناعته وخزنه، نظير صناعة السوط مع احتمال سرقة السارق له ليضرب به المؤمن. وكذا التمكين من استعماله من دون علم باستغلاله في الإضرار بمسلم، نظير بيع السوط لمن يحتمل استعماله له في الإضرار بمؤمن، لعدم تعمد الإعانة على الظلم في الجميع، اللهم إلا أن يكون الضرر من الأهمية بحيث يعلم باهتمام الشارع الأقدس بالاحتياط والتحفظ من احتمال حصوله بقطع مادته. وهو فرض نادر لا ضابط له.

7-2 موقف المجتمع

وأما بالنسبة إلى موقف المجتمع تجاه هذا السيناريو، سيكون التأثر الاجتماعي للمستهلكين ذات تأثير اقتصادي على الشركة بمقاطعتها وعدم التعامل معها، فضلاً عن شيوع اسم هذه الشركة وتعاملها السيئ، وغير الأخلاقي، وغير القانوني مع الشركات المنافسة والمستهلكين. ومن ثمَّ ستؤثر بشكل مباشر على ربحيتها وعلى الجانب الاقتصادي لها، فضلاً عن نظرة المجتمع لهذه الشركة حتى بعد تصحيح أوضاعها مع القانون؛ إذ أن ذلك سيترك أثراً سيئاً في ذاكرة المجتمع. كذلك فإن مالك الشركة أو مُلاك الشركة سيتعرضون لذات الأمر، ونظرة الازدراء من المجتمع، والتهكم بهم خصوصاً إذا كانوا على علم، أو كانت لهم اليد الطولى في مخالفة القانون، وهو ما سيؤثر على نشاطاتهم الاقتصادية الأخرى فضلاً عن مكانتهم الاجتماعية التي سيصلون لها.

أما الموظفون فسينقسم الأمر معهم قسمين:

الأول: من تورط في هذه الأعمال لابد أنه سيتعرض للعقوبة الجنائية، إضافة للشركة بوصفها شخصاً إعتبارياً، بالإضافة لملاك الشركة كأشخاص طبيعيين، وهو ما سيؤثر على مستقبلهم الوظيفي بل وحتى الأُسري نتيجة العقوبة التي سيتعرضون لها، إذ من الممكن أن تتطور العقوبة وترتب آثاراً إجتماعية أخرى مثل انهيار الكيان

الأُسري الذي يعيش فيه وفقدان مكانته الإجتماعية السابقة.

الثاني: من لم يتورط وكان يعمل بحسن نية في هذه الشركة، ربما سيعاني من تأثير ما حصل، ولكن النظرة ستختلف فيما بعد وسيساعده فضح المتورطين الحقيقيين في تبيان براءته، وعدم ارتباطه بما حدث.

7-3 القانون المحلي والدولي

هنا سنتطرق إلى موقف القانون المحلي وهو قانون العقوبات البحريني وإلى موقف القانون الدولي تجاه هذا السيناريو.

7-3-1 القانون المحلي

في بادئ الأمر لابد من الإشارة إلى إن قانون العقوبات البحريني، لم يتضمن حتى الآن نصاً أو فصلاً خاصاً، ينظم الجرائم الالكترونية الحديثة. إلا إن هناك نصوصاً أخرى تسمى عُرفاً أو سياسياً بالنصوص العامة أو (المطاطية) التي يمكن بناء تجريم الواقعة السابقة أو غيرها من الوقائع عليها؛ إذ أن قانون العقوبات يقوم على مبدأ شرعية العقوبة، وهو لا جريمة ولا عقوبة إلا بنص، ويعني هذا إنه لا يمكن للدولة، أو السلطة، أن توقع عقوبة، أو تصف واقعة مادية أو

قانونية بالجريمة، إلا إذا كان القانون ينص على تجريمها ومعاقبة مرتكبها صراحة.

ولذلك إن ما قامت به الشركة من صنع فيروسات مضرة بالشركات المنافسة، أو المستهلكين يتنافى مع النظام العام، ولذلك هو مجرم. ذلك مجرد توفر نية الإضرار بالغير، يعتبر جريمة بغض النظر عن طبيعة هذه الجريمة، أو الوسيلة المستخدمة فيها، بل يحق لمن وقع عليه الضرر أن يطالب بالتعويض استناداً على القانون المدني البحريني و المبدأ العام بالتعويض القائل: أنه على من يتسبب في ضرر ما للغير يلتزم من أحدثه بتعويضه.

ينطبق فعل التجريم على الشركة كونها شخصية اعتبارية ويمثلها مجلس الإدارة أو مُلاكها:

أولا: تُعاقب الشركة ممثلة في مجلس إدارتها، إما بإيقاف أعمالها لمخالفتها شروط التنافس التجاري، والإضرار بمصالح الغير، وكذلك إلزامها بالتعويض، وسحب ترخيص أو موافقة إنشاء الشركة أو المؤسسة.

ثانيا: يُعاقب مُلاكها أو أعضاء مجلس إدارتها، بالحبس أو السجن، فضلاً عن إيقاع الغرامات أو إلزامهم بتعويض المتضررين عن

أعمالهم، وتكون العقوبات تقديرية وفقاً لقاضي الموضوع.

ثالثا: موظفو الشركة الذين قاموا بالأعمال التي أضرت بالغير، وفقا لقانون العمل فإن العامل يلتزم بالقيام بالعمل المطلوب منه في العقد فقط، فإذا كان العمل المطلوب منه مخالفاً للنظام العام كان هذا العقد باطلاً بطلاناً مطلقاً. أما إذا طلب صاحب العمل أو من ينوب عنه في الإدارة، من العامل القيام بأعمال مخالفة للنظام العام كالإضرار بالغير، فإنه يستطيع أن يمتنع عن القيام بهذه الأعمال، مهما كانت الإجراءات التي كان يهدد بها صاحب العمل والتي سيتخذها مع العامل إذا لم ينفذ أوامره، إذا يعد الموظف هنا شريكاً في الجريمة أو مساهماً فيها. وذلك ما عدا في حالات الإكراه البدني أو المعنوي .

تضمن المشروع العقوبات اللازمة لحماية الأنظمة الإلكترونية، وحماية المعلومات التي تحفظ من خلالها، والتي توقع على كل من يلجأ إلى استخدام هذا الجهاز الحديث في الجرائم الإباحية والقمار والمخدرات، أو المساس بالدين، أو الاعتداء على الأموال، أو في الجرائم الماسة بأمن الدولة الداخلي والخارجي. وقد أوصل المشروع العقوبة إلى السجن عشر سنوات لكل من استخدم الحاسب الآلي في تهديد الأفراد، أو في تصنيع الأجهزة الحارقة أو المتفجرات أو

المفرقعات، والسجن خمس سنوات ضد كل من يقوم بأنشطة تمس أمن الدولة الداخلي والخارجي.

جاء نص المادة (6) من الدستور التي تنص على: (وتسهم في ركب الحضارة الإنسانية). أي الدولة: وكذلك نص المادة (20/أ) من الدستور أيضاً (لا جريمة ولا عقوبة إلا بناء على قانون، ولا عقاب إلا على الأفعال اللاحقة للعمل بالقانون الذي ينص عليها. إن القوانين مرآة المجتمع، ومقياسه لمواكبة ركب الحضارة ورقي الدولة، وبقدر ما تكون تلك القوانين متطورة تحقق الغايات التي وجدت لأجلها. فمملكة البحرين تصبو دائماً إلى الأفضل وتسن قوانينها لما فيه خير وصلاح الوطن والمواطن ودرء ما يقع من المخالفات والجرائم.

رافق الثورة الصناعية منذ منتصف القرن الماضي تقدم وتطورات بسائر جوانب الحياة في المجتمع، وظهر على حيز الحياة اليومية الحاسب الآلي الذي لا غنى عنه لدى أجهزة الدولة والأشخاص الاعتباريين والطبيعيين، مما جعله يفرض نفسه في جميع مجالات الحياة، حيث إن منظومة الحاسب الآلي إكتملت بظهور شبكة المعلومات الدولية (الإنترنت) التي جعلت العالم قرية صغيرة من حيث الأحداث والواقع. وهذا أدى إلى ظهور علاقات قانونية

جديدة لم تكن معروفة من ذي قبل، وظهور جرائم خاصة، وبروز الجريمة المعلوماتية إلى حيز الوجود، فهذا النمط من الجريمة لم تتضمنه أغلب التشريعات العقابية العربية والأوروبية، إذ تبدو النصوص الجزائية قاصرة عن ملاحقتها، وذلك لأن التشريعات وليدة الحاجة، ولهذا لم تتطرق أغلب التشريعات العربية إلى جرائم الحاسب الآلي إلا فيما ندر.

إن التطور المعلوماتي في الحاسب الآلي أسفر عن ظهور جرائم جديدة لم تكن معروفة لدى المجتمع من قبل، فقد باتت تلك الجرائم المتمثلة في اختراق أجهزة الحاسب الآلي سواءٌ الشخصية أم العامة، تشكل خطراً حقيقياً على المجتمع بأسره، حيث عمد بعض المجرمين إلى بث السموم في عقول الشباب، بالترويج للمواقع الإباحية تارة، وجره إلى بؤر فساد تارة أخرى. وحيث إن هذه الأفعال اللاأخلاقية تتنافى والدين الإسلامي والثقافة العربية، فكان لزاماً أن يوضع قانون يحد من تلك التجاوزات ويكون رادعاً لتلك الجرائم، وليكن هو الحد الفاصل في هذه القضية. ومن هذا المنطلق تقدمنا بهذا الاقتراح بهذا القانون لكي يلعب دوره في الحياة اليومية والعملية في المجتمع، ويكون رادعاً لمن تسول له نفسه النصب أو الاحتيال أو السرقة أو الترويج للأفكار الهدّامة.

قمنا بالاختيار من النص الكامل للاقتراح ما يتناسب مع المشكلة التي نناقشها:

- يعمل بقانون العقوبات بالنسبة إلى الجرائم التي لم ترد بهذا القانون، ومع عدم الإخلال بأية عقوبة أشد ينص عليها قانون العقوبات أو أي قانون آخر يعمل بهذا القانون بالنسبة إلى الجرائم الواردة فيه.
- مع عدم الإخلال بأحكام الاتفاقيات والمعاهدات الدولية النافذة في مملكة البحرين، يطبق هذا القانون على مقترفي الجرائم الواردة بهذا القانون.
- يعاقب بالحبس وبالغرامة التي لا تزيد على 1000 دينار، أو بإحدى هاتين العقوبتين كل من أحدث البرمجيات الخبيثة والضارة في نظم الحاسب الآلي والشبكات أو نقلها عبر النظم والشبكات.
- يعاقب بالحبس مدة لا تزيد على سنة واحدة كل من يحصل أو يروج عبر الحاسب الآلي أو الإنترنت على صورة أو هوية بطريقة غير مشروعة لاستغلالها في أنشطة مخلة بالحياء.

هذا القانون، لا يعدو عن كونه مقترح بقانون مقدم من أحد نواب المجلس النيابي البحريني، ويتم مناقشته في المجلس النيابي. أي أن القانون لم يتم الموافقة عليه من المجلس النيابي ليأخذ بعدها

الإجراءات الأخرى الطبيعية ليصبح نافذاً ويتم على أساسه تعديل قانون العقوبات ليصبح المقترح قانوناً نافذاً، ويتم على أساسه تجريم وإنزال العقوبات بموجبه على المخالفين له.

7-3-2 القانون الدولي

عادة لا يهتم القانون الدولي بتنظيم مثل هذه الأمور، إلا إن الدول اتجهت إلى إبرام اتفاقيات حول التعامل الالكتروني وأمن المعلومات، وتخضع هذه الاتفاقيات للتطبيق سواءٌ بين دولتين أم أكثر للتطبيق وترتب أثارها بالنسبة للقوانين المحلية إما بالإلغاء أو التعديل، أو الإضافة.

أجمع مستعملو الحاسوب الآلي على وجوب إلحاق العقاب القانوني لقراصنة وراعي الفيروس، وقد أسفرت هذه التحركات عن سن تشريعات خاصة بالقطاع المعلوماتي، وبعقد اتفاقات دولية حول الموضوع. فكانت الدول الصناعية الرئيسية الأولى التي اهتمت بسن القوانين التي تتعلق بأمن الحاسوب الآلي، نظراً إلى كونها الصانعة والمستخدم الأهم للأجهزة والبرامج المعلوماتية.

وقد تشكلت عدة جمعيات بين الشركات المعلوماتية في تلك الدول، أهمها: جمعية برامج الأعمال الأمريكية التي تأسست في تشرين الأول

1988 على يد شركات Microsoft في واشنطن وكان الهدف الأول للجمعية:

- محاربة النسخ والتوزيع غير الشرعي للبرامج وذلك عن طريق القيام بأنشطة تدعم حقوق الملكية الأدبية والفكرية مع الحد من الحواجز التي تقف حائلاً في وجه تنمية التجارة الدولية.
- رفض منح الدول التي تتغاضى عن القرصنة أية معاملة مميزة في التجارة.
- سن تشريع دولي من ضمن معاهدة الجات ينص بصراحة على حماية البرامج من القرصنة.
- بحث إجراءات لحماية حقوق البرمجة والحؤول دون انغلاق الأسواق في وجه التصدير.

غير أن القوانين والأنظمة لا تكفي إذا طبقت على صعيد الدول بمفردها في هذا العصر الذي بات نطاق الاقتصاد هو العالم بأسره. ولذلك يتوجب عقد اتفاقيات دولية لضمان تنفيذ تلك القوانين بشكل فعال.

بانتظار هذه القوانين الدولية يمكن الاستفادة والعمل على أمن المعلومات من خلال اتجاهين:

الأول: إن القانون الخاص بالأسرار التجارية له فائدة وهو أنه يمكن

تطبيقه بسهولة على التكنولوجيا الحديثة ومنها تكنولوجيا الحاسبات، وهو أوسع وأشمل من قانوني حق الشراء وبراءة الاختراع ويمكن استخدامه في حماية برمجيات الحاسوب. فمثلاً يمكن منع محللي النظم والمبرمجين من تسريب معلومات عن البرامج سواءٌ كان ذلك في أثناء خدمتهم للمؤسسة أم بعد انفصالهم عنها.

الثاني: الحماية من قرصنة البرامج يمكن أن تتم بواسطة الوسائل القانونية، والوسائل التقنية المتعددة منها استخدام التشغيل أو تغيير عناوين الرؤوس أو تغيير ضبط المسارات حيث يمكن استخدام جهاز إلكتروني جديد يتم وصله بالحاسوب. والحماية المثالية هي التي تجمع بين الاثنين: القانونية والتقنية.

4-7 المبادئ الأخلاقيّة

من هذا السيناريو، نخلص إلى عدة مبادئ أخلاقيّة يُحبذ أن يتصف بها منتسبو الشركات التكنولوجية وأعضاؤها، من موظفين ومسؤولين. ومنها ما يلي:

- الإخلاص وإتقان صنع البرامج التكنولوجية وعدم الغش فيها؛ لكي لا يتأذى المستهلكين لها.
- تجنب إلحاق الضرر بالآخرين.
- معرفة واحترام القوانين السارية المتعلقة بالعمل المهني والالتزام

بها.

- إعطاء تقييم شامل ودقيق لنظم الحاسوب وآثارها، بما في ذلك تحليل المخاطر المحتملة.
- توضيح ودعم السياسات التي تحمي كرامة المستخدمين وغيرهم من المتضررين من أي نظام حاسوبي.
- دعم مبادئ وأخلاقيات المهنة وتعزيزها، وذلك بالاتصاف بها وتطبيقها.

نبذة حول المؤلفين

حصل **أ.د. منصور العالي** على درجة البكالريوس في الرياضيات وتقنية المعلومات من جامعة تيسايد ببريطانيا، والماجستير في علم الحاسوب من جامعة أستون بيرمنجهام في بريطانيا وكذلك الدكتوراه من جامعة أستون بيرمنجهام في نظم الذكاء الإصطناعي وقواعد المعلومات. نشر منصور أكثر من تسعين من المقالات والبحوث وفصول الكتب والكتب، في العديد من مجالات الحاسب الآلي في المجلات الدولية المحكمة ومؤسسات النشر الرائدة، وله بحوث منشورة في تخصص أخلاقيات العمل في مجال الحاسوب وفي جرائم الحاسوب. لديه أكثر من عشرين عاماً من الخبرة في تطوير النظم والخدمات الإستشارية، صمم وطور العديد من أنظمة الكمبيوتر الرئيسية. عمل مستشاراً لعدد من المنظمات المحلية والدولية للمساعدة في مجال تكنولوجيا المعلومات وتقديم المشورة. حالياً يشغل أ.د. منصور منصب رئيس الجامعة الأهلية في مملكة البحرين.

حصلت **أ. ساميه يوسف** على درجتي البكالوريوس والماجستير من جامعة البحرين في مملكة البحرين، وكذلك شهادات سيسكو العالمية: CCNA، CCNP و CCDA. كما حصلت على شهادة دبلوم الثقافة القرآنية. ساميه متخصصة في مجال تقنية معلومات. وقد نشرت أبحاث علمية وكتب متنوعة، كما أنها نالت جائزة التميز للحكومة الإلكترونية (جائزة التعليم الإلكتروني). وراجعت كتب في مجال الإنترنت وتكنولوجيا المعلومات لمؤسسة نشر عالمية رائدة. وقدمت العديد من الورش العملية في تقنية المعلومات، كما حضرت العديد من الندوات والمؤتمرات. ساميه

لديها خبرة خمسة عشر سنة في التدريس على مستوى البكالوريوس في علوم الحاسوب الآلي وتكنولوجيا المعلومات والوسائط المتعددة. عملت على تطوير وتصميم العديد من البرامج والتطبيقات، أنظمة الكمبيوتر، والمواقع الالكترونية باستخدام تقنيات الإنترنت الحديثة. حالياً أ. ساميه تشغل منصب مديرة الموقع الالكتروني للجامعة الأهلية في مملكة البحرين. لمزيد من المعلومات عن أ. ساميه يوسف تفضلوا بزيارة موقعها الخاص على العنوان التالي: ***http:// samiayousif.org***

المصادر والمراجع

- القرآن الكريم
- إحكام الفصول في أحكام الأصول، لأبي الوليد الباجي
- أخلاق أهل البيت (ع)، السيد محمد مهدي الصدر
- أصول الكافي، الشيخ محمد بن يعقوب بن إسحاق الكلينيّ الرازي، ضبطه وصححه وعلّق عليه: محمد جعفر شمس الدين ، دار التعارف للمطبوعات، بيروت-لبنان
- الأخلاق الإسلامية وأسسها، عبدالرحمن الميداني
- الأخلاق والسير، ابن حزم
- الأخلاق عند الإمام الصادق، الشيخ محمد أمين زين الدين، مؤسسة الشيخ محمد أمين زين الدين للمعارف الإسلامية، 2009م-1430ﻫ
- الأخلاق النظريّة، فولكيه، الترجمة العربية
- الأخلاق والآداب الإسلامية، عبدالله الهاشمي، دار الأمين، 2006م
- الإمامة والتبصرة من الحيرة، أبي الحسن علي بن الحسين بن بابويه القمي
- الحقايق في محاسن الأخلاق، محمد محسن بن مرتضى (الفيض الكاشاني)، تحقيق الحاج محسن عقيل، مؤسسة دار الكتاب الإسلامي
- التعريفات، علي بن محمد بن علي الشريف الجرجاني، دار الكتب العلمية، بيروت، الطبعة الأولى 1403ﻫ -1983م

- التربية الأخلاقية الإسلامية، مقداد يالجين
- التوقيف على مهمات التعاريف، محمد عبد الرؤوف المناوي
- الذَّريعة إلى مكارم الشَّريعة، الراغب الأصفهاني
- الصحاح في اللغة، اسماعيل بن حماد الجوهري
- العمل وحقوق العامل في الإسلام، باقر شريف القرشي
- الفروق اللغوية، أبو هلال الحسن بن عبد الله بن سهل بن سعيد العسكري
- الفوائد الرجالية، السيد محمد المهدى بحر العلوم، ج1، حققه محمد صادق بحر العلوم - حسين بحر العلوم، مكتبه العلمين
- القاموس المحيط، الإمام اللغوي مجد الدين محمد بن يعقوب الفيروز آبادي، مكتب تحقيق التراث في مؤسسة الرسالة، مؤسسة الرسالة للطباعة والنشر والتوزيع، بيروت، الطبعة الثامنة، 1426 هـ -2005 م
- الكسب، محمد بن الحسن الشيباني
- المحاسن، أحمد بن محمد بن خالد البرقي
- المصباح المنير في غريب الشرح الكبير، الشيخ أحمد بن محمد بن علي الفيومي، المكتبة العلمية - بيروت
- المعجم الصغير، الإمام أبو القاسم سليمان بن أحمد بن أيوب الطبراني
- المعجم الوسيط، مجمع اللغة العربية بالقاهرة (إبراهيم مصطفى / أحمد الزيات / حامد عبد القادر / محمد النجار)، مكتبة الشروق الدولية، 2004م
- الميزان في تفسير القرآن، العلامة محمد حسين الطباطبائي، 1392هـ، مؤسسة الأعلمي، لبنان

- الواضح في أصول الفقه، أبو الوفاء علي ابن عقيل
- الوافي، محمد محسن بن مرتضى (الفيض الكاشاني)، ج10
- بحار الأنوار، الشيخ محمد باقر المجلسي ، احياء الكتب الإسلامية
- برتراندراسل، تاريخ الفلسفة الغربية، ترجمة زكي نجيب محمود، الكتاب الأول لجنة التأليف والترجمة والنشر، القاهرة، 1967
- بصائر ذوي التمييز في لطائف الكتاب العزيز، محمد بن يعقوب الفيروزآبادي، ج568/2، لجنة إحياء التراث الإسلامي، القاهرة، 1996م
- بهجة قلوب الأبرار وقرة عيون الأخيار في شرح جوامع الأخبار، عبد الرحمن بن ناصر بن عبد الله السعدي
- جمهورية أفلاطون، الترجمة العربية، حنا خباز، دار التراث، بيروت، 1969م
- تاج العروس في شرح القاموس، محمد بن محمد بن محمد بن عبد الرزاق (مرتضى الزبيدي)
- تحف العقول، أبو محمد الحسن بن على بن شعبة الحرانى
- تصنيف غرر الحكم ودُرر الكَلِم، عبدالواحد بن محمّد التميمي الآمِدي
- تهذيب الأحكام كتاب المكاسب، الشيخ أبي جعفر محمّد بن الحسن بن علي بن الحسن الطّوسي، دار الكتب الإسلاميّة
- تهذيب الأخلاق، أبي علي أحمد بن محمد بن يعقوب ((مسكويه))، دراسة وتحقيق: عماد الهلالي، منشورات الجمل، بغداد-بيروت، الطبعة الأولى، 2011 م

- تيسير الكريم الرحمن في تفسير كلام المنان؛ للشيخ عبدالرحمن بن سعدي – الرياض: الرئاسة العامَّة لإدارات البحوث العلمية والإفتاء، 1404هـ
- حكم ومواعظ من حياة الانبياء (ع)، السيد مرتضى الميلاني، ج2
- حياة الإمام موسى بن جعفر، باقر شريف القرشي
- جامع السعادات، العلامة المحقق محمد مهدي النراقي
- شرح صحيح البخاري، ابن بطال
- سفينة البحار في مدينه الحكم و الاثار، الشيخ عباس القمي
- شعب الإيمان، الإمام الحافظ أبي بكر البيهقي
- عبد العزيز الدوري، مقدمة في التاريخ الاقتصادية العربي، دار الطليعة، بيروت، 1978، الطبعة الثانية
- عبقرية عمر، عباس محمود العقاد
- علاقاتنا، أحمد العباسي، دار القلم، 2013م
- سنن ابن ماجه، أبو عبد الله محمد بن يزيد بن ماجه
- صحيح مسلم، أبو الحسين مسلم بن الحجاج القشيري النيسابوري
- في رحاب القرآن، السلام في الإسلام، الشيخ محمد مهدي الآصفي، المشرق للثقافة والنشر، 2007م-1428هـ
- فتح الباري شرح صحيح البخاري، أحمد بن علي ابن حجر العسقلاني
- فلسفة الأخلاق، جكسون، الترجمة العربية
- فيض القدير شرح الجامع الصغير من أحاديث البشير النذير، محمد عبد الرءوف بن تاج العارفين ابن علي بن زين العابدين الحدادي ثم المناوي
- قاموس مصطلحات فقهية
- كتاب الكليات، أبو البقاء أيوب بن موسى الحسيني الكفومي، مؤسسة الرسالة، بيروت، 1998م، تحقيق: عدنان درويش – محمد المصري
- كمال الدين وتمام النّعمة، أبي جعفر محمّد بن علي بن الحسين الصدوق

- لسان العرب، محمد بن مكرم بن على، أبو الفضل، جمال الدين ابن منظور الأنصاري الرويفعى الإفريقى، دار صادر، بيروت، الطبعة الثالثة - 1414 هـ
- مجمع البيان في تفسير القرآن، أمين الدين أبو علي الفضل بن الحسين بن الفضل الطبرسي، ج10
- مختار الصحاح، محمد بن أبي بكر بن عبد القادر الرازي
- مسند الإمام أحمد، أحمد بن محمد بن حنبل بن هلال بن أسد
- مستدرك الوسائل ومستنبط المسائل-كتاب التجارة، الحاج ميرزا حسين النوري الطبرسي، مؤسسة آل البيت عليهم السلام لأحياء التراث
- معجم الغني، الدكتور عبد الغني أبو العزم
- معجم اللغة العربية المعاصرة، د. أحمد مختار عمر، عالم الكتب، القاهرة، الطبعة الأولى، 1429 هـ - 2008 م
- معجم الرائد، جبران مسعود
- معجم العين، الخليل بن أحمد الفراهيدي
- مفاتيح الجنان، الشيخ عباس القمي
- مفردات ألفاظ القرآن الكريم، الراغب الأصفهاني، دار القلم - الدار الشامية، 1430 هـ - 2009 م
- من لا يحضره الفقيه، الشيخ الصدوق أبي جعفر محمد بن على القمي
- نهج البلاغة، شرح لابن أبي الحديد، بتحقيق محمد أبو الفضل إبراهيم، الجزء السابع عشر، دار احياء الكتب العربية، الطبعة الثانية، (1965 م - 1387 هـ)

- وسائل الشيعة، مؤسسة آل البيت، ٢١/١٧، باب ٤ من أبواب مقدمات التجارة، ح٦
- وصايا الرسول لزوج البتول عليهم السلام، السيد علي الحسيني الصدر

المصادر الانجليزية

- A.Leroi – Gourhan, Les chasseurs de la préhistoire, Ed., Métailé, Paris, 1983
- Al Aali Mansoor & Hassan Hazmi, Islamic Computer Ethics via the ACM Computer Ethics, The International Arab Conference on Information Technology, Paper ID: 97, 19-21 December, 2006, Yarmouk University, Jordan.
- Bouvier, Le travail, Ed. PUF, Paris, 1991, p8, p11
- Ethics for the Information Age, Fifth Edition, Michael J. Quinn, Publisher: Pearson Addison, 2013
- Franc, Robert. Droit et déontologie. [15/02/2003]
- Hegel, La phénoménologie de l'esprit, Ed. Aubier, Montaigne, Paris
- K.Marx, Le capital (1867), L.I., Ed. Garnier, Flammarion, Paris
- K.Marx, Manuscrits de 1844, Editions Sociales, Paris
- M.Sahlins, Age de pierre, âge d'abondance, Ed., Gallimard, Paris, 1976
- Mansoor Al Aali, A Study of Email Spam and How to Effectively Combat It, Webology Journal, Year: 2007, V: 4, Issue 1
- Mansoor Al Aali, Computer Crimes from an Islamic Point of View, ANSI Journal of Applied Science, 2007.
- Mansoor Al Aali, Computer Ethics for the Computer professional from an Islamic point of view, Journal of Information, Communication and Ethics in Society, 2008, Volume, 6, Issue:1, pp. 28 – 45, UK
- Mansoor Al Aali, Cybercrime and the Law: An Islamic View, Webology Journal, Volume 4, Number 3, September, 2007
- P.Bouvier, op. cit.